PYTHON IN ITALIANO PER PRINCIPIANTI

Guida per principianti per iniziare a conoscere il linguaggio di programmazione

di

TUDOR MARCIANTI

DISCLAIMER

Questo libro è stato scritto per scopi educativi e informativi. Sebbene l'autore e l'editore abbiano compiuto ogni sforzo per garantire la precisione delle informazioni contenute in questo libro, essi non si assumono alcuna responsabilità per errori, omissioni o eventuali danni risultanti dall'uso delle informazioni fornite. Le opinioni espresse nel libro sono esclusivamente dell'autore e non rappresentano necessariamente le opinioni di organizzazioni o individui menzionati.

L'uso delle informazioni contenute in questo libro è a proprio rischio. L'autore e l'editore non garantiscono che le tecniche e le pratiche qui descritte siano idonee per tutte le situazioni e non si assumono alcuna responsabilità per eventuali perdite o danni, inclusi danni indiretti, speciali, incidentali o consequenziali.

COPYRIGHT

Nessuna parte di questo libro può essere riprodotta, distribuita, o trasmessa in alcuna forma o con alcun mezzo, inclusi la fotocopia, la registrazione o altri metodi elettronici o meccanici, senza il permesso scritto dell'autore, eccetto per brevi citazioni inserite in recensioni critiche e altri usi permessi dalla legge sul copyright.

Copyright © 2021 Tudor Marcianti

All rights reserved.

SOMMARIO

Disclaimer 2
Copyright 2
1 - INTRODUZIONE 8
   1.1 - Che cos'è Python? 8
   1.2 - Storia di Python 9
   1.3 - Dove è utilizzato Python? In quali società? 11
   1.4 - Ragioni della popolarità di Python 16
   1.5 - Caratteristiche di Python 19
   1.6 - Comparazione di Python con i linguaggi Java, C++ 21
2 - INIZIAMO A CONOSCERE PYTHON 22
   2.1 - Cosa si può fare con Python? 22
   2.2 - Che cos'è il coding? 27
   2.3 - Che cos'è l'IDE? 27
   2.4 - Installazione di Python 31
   2.5 - Installazione di Anaconda 33
   2.6 - La sintassi di Python 35
   2.7 - Commenti in Python 40
   2.8 – Come commentare il codice 41
3 – LE VARIABILI 43
   3.1 – Caratteristiche principali delle variabili 43
   3.2 - Introduzione al Data Type in Pyhton 48
   3.3 – Mutabilità delle variabili 54
   3.4 – Tipi di dati composti avanzati 54
   3.5 – Conversioni di tipo (Type casting) 56

3.6 – Variabili locali e globali in dettaglio 57

3.7 – Documentazione e best practises 58

3.8 – Variabili di tipo avanzato 58

4 - FLUSSI DI CONTROLLO 59

    4.1 Ciclo "For" 69

    4.2 - Iteratori 69

    4.3 - Ciclo While 75

    4.4 - Dichiarazioni del ciclo di controllo: 77

    4.5 - Dichiarazione Break 77

    4.6 - Dichiarazione di continuazione 78

    4.7 - Dichiarazione Pass 79

    4.8 - Cicli indentati 80

    4.9 - Ciclo While annidato 83

    4.10 - Serie di Fibonacci 84

5 - FUNZIONI 87

    5.1 - Funzioni Built-in 88

    5.2 - Funzione Print 88

    5.3 - Funzioni Min() e Max() 92

    5.4 - Funzione Somma 93

    5.5 - Funzioni Lambda 95

    5.6 - Funzioni definite dall'utente 98

6 - STRUTTURE DI DATI 102

    6.1 - Strutture dati integrate di Python 102

    6.2 - Dizionari 111

    6.3 - Tuples 117

    6.4 - Insiemi (Set) 120

7 - STRUTTURE DATI DEFINITE DALL'UTENTE ... 125
7.1 - Array ... 125
7.2 - Stacks ... 126
7.3 - Code (Queues) ... 127
7.4 - Alberi (Trees) ... 128
7.5 - Liste "Linked" ... 130
7.6 - Grafici ... 131
7.7 - Hashmaps ... 132

8 - ALGORITMI ... 134
8.1 - Classi di algoritmi ... 135
8.2 - Algoritmi di attraversamento del percorso (Tree Traversal Algorithm) ... 136
8.3 - Attraversamento In ordine ... 138
8.4 - L'attraversamento pre-ordine ... 141
8.5 - Algoritmi di ordinamento (algoritmi "SORT") ... 146
8.6 - Algoritmi Merge Sort (ordinamento per unione) ... 146
8.7 - Algoritmi Bubble Sort ... 150
8.8 - Insertion Sort ... 151
8.9 - Algoritmo di ordinamento della selezione (selection-sort algorithm) ... 154
8.10 - Algoritmi di ordinamento Shell ... 156
8.11 - Algoritmi di ricerca ... 157

9 – PROGRAMMAZIONE ORIENTATA AGLI OGGETTI (OOP) .. 161
9.1 - Introduzione alla Programmazione Orientata agli Oggetti ... 161
9.2 - Classi e Oggetti ... 162

9.3 - Attributi e Metodi 164

9.4 – Ereditarietà 166

9.5 – Polimorfismo 167

9.6 – Incapsulamento 168

9.7 - Costruttori e Distruttori 170

10 – GESTIONE DELLE ECCEZIONI 171

10.1 - Introduzione alle Eccezioni 171

10.2 - Blocco Try-Except 172

10.3 - Gestione di Eccezioni Multiple 173

10.4 - Creazione di Eccezioni Personalizzate.................. 174

10.5 - Uso del Blocco Finally 175

10.6 - Eccezioni Rilanciate.. 175

10.7 - Best Practices per la Gestione delle Eccezioni 176

11: GESTIONE DEI FILE, MODULI E PACCHETTI DI PYTHON ... 178

11.1 - Introduzione alla Gestione dei File in Python 178

11.2 - Lettura e Scrittura di File di Testo 179

11.3 - Gestione dei File CSV 180

11.4 - Manipolazione di File JSON 180

11.5 - File Binari e Pickle 181

11.6 - Introduzione a Moduli e Pacchetti 181

11.7 - Creazione di Moduli Personalizzati 182

11.8 - Gestione dei Pacchetti con pip 182

11.9 - Creazione di Pacchetti Python.............................. 183

11.10 - Best Practices per la Gestione dei File, Moduli e Pacchetti 184

CONCLUSIONI.. 186

1 - INTRODUZIONE

1.1 - Che cos'è Python?

Python è il linguaggio di programmazione multiuso più diffuso e in più rapida crescita al mondo. Non solo tra gli ingegneri del software, ma anche tra matematici, analisti di dati, scienziati, contabili, ingegneri di rete e persino ragazzi. È un linguaggio di programmazione molto adatto ai principianti. Le persone usano il linguaggio Python per una varietà di attività diverse come l'analisi e la visualizzazione dei dati, l'intelligenza artificiale, l'apprendimento automatico e l'automazione. Con il linguaggio Python, problemi complessi possono essere risolti in minor tempo con poche righe di codice.

Python è ampiamente apprezzato per la sua sintassi semplice e leggibile, che lo rende accessibile anche a coloro che non hanno una formazione tecnica avanzata. Questo linguaggio offre una vasta gamma di librerie e framework, come Pandas per l'analisi dei dati, Matplotlib e Seaborn per la visualizzazione, e Scikit-Learn per l'apprendimento automatico, che permettono agli utenti di sviluppare soluzioni sofisticate in modo relativamente semplice. Inoltre, Python è altamente versatile e può essere utilizzato su diverse piattaforme, dal web development al software per desktop, fino allo sviluppo di applicazioni mobili.

Un altro punto di forza di Python è la sua comunità globale di sviluppatori, che continua a crescere e a contribuire alla sua espansione. Questa comunità attiva fornisce supporto attraverso forum, tutorial, e una vasta documentazione online, rendendo più facile per i principianti trovare risposte ai loro quesiti e imparare nuove tecniche. Python è anche un linguaggio open source, il che significa che chiunque può contribuire al suo sviluppo e miglioramento, portando a una continua innovazione e adattamento del linguaggio alle nuove esigenze tecnologiche.

Python è inoltre una scelta popolare per la ricerca accademica e lo sviluppo scientifico, grazie alla sua capacità di gestire grandi quantità di dati e alla disponibilità di strumenti per il calcolo numerico e l'elaborazione dei segnali. Nella finanza, viene utilizzato per modellare il rischio, eseguire algoritmi di trading e analizzare serie temporali. In generale, la sua flessibilità e potenza lo rendono una delle scelte migliori per chiunque voglia affrontare nuove sfide nel mondo della programmazione e della tecnologia.

1.2 - Storia di Python

Python è stato sviluppato da Guido van Rossum negli anni '80, con la sua implementazione che ha avuto inizio nel 1989. Il nome "Python" è stato ispirato dalla serie TV comica britannica "Monty Python's Flying Circus", riflettendo il senso di umorismo che van Rossum ha voluto infondere nel linguaggio stesso. Python è considerato il successore del linguaggio ABC, migliorando molte delle sue limitazioni e introducendo la capacità di gestire le eccezioni e di interfacciarsi con il sistema operativo Amoeba. Questo ha reso Python non solo potente e versatile, ma anche particolarmente robusto per una vasta gamma di applicazioni.

Per 30 anni, fino al 12 luglio 2018, Guido van Rossum ha guidato lo sviluppo e la divulgazione di Python, guadagnandosi il titolo di "Benevolent Dictator For Life" (BDFL) nella comunità Python. Dopo il suo ritiro da questo ruolo, il team di sviluppo di Python si è espanso, includendo cinque membri principali: Very Warso, Brett Cannon, Carol Willing, Guido van Rossum e Nick Coghlan. Questa squadra ha continuato a far evolvere Python, mantenendolo aggiornato con le esigenze moderne della programmazione.

Il rilascio di Python 2 avvenne il 16 ottobre 2000, segnando un'importante evoluzione del linguaggio, con l'introduzione di molte nuove funzionalità che hanno migliorato la gestione delle eccezioni, l'internazionalizzazione e l'accesso ai moduli di sistema. Python 3, rilasciato il 3 dicembre 2008, ha rappresentato un ulteriore passo avanti, apportando cambiamenti significativi nella sintassi e nella gestione delle stringhe, rendendo il linguaggio più coerente e riducendo le ambiguità. Tuttavia, la transizione da Python 2 a Python 3 non è stata immediata; il supporto per Python 2.7 è terminato solo il 1° gennaio 2020. Questo ritardo ha permesso agli sviluppatori di avere il tempo necessario per convertire i loro progetti, garantendo una transizione più fluida.

Dalla versione Python 3.8, rilasciata il 14 ottobre 2019, ci sono state ulteriori versioni che hanno continuato a migliorare il linguaggio. Python 3.9 è stato rilasciato il 5 ottobre 2020, introducendo caratteristiche come l'unione e l'aggiornamento dei dizionari usando nuovi operatori e miglioramenti alle annotazioni dei tipi. Python 3.10, rilasciato il 4 ottobre 2021, ha portato una sintassi migliorata, pattern matching strutturale, e altre ottimizzazioni. La versione più recente Python 3.11, è stata rilasciata il 24 ottobre 2022, con miglioramenti significativi nelle prestazioni, gestione delle eccezioni e nuove caratteristiche per il typing e la sintassi. Le versioni, infine, più recenti, sono la 3.13.0rc1 (1º agosto 2024) e 3.12.5 (7 agosto 2024), che han portato ad affinamenti ulteriori del linguaggio, ampliandone le possibilità applicative.

Python continua a evolversi, guidato da una comunità dinamica di sviluppatori e collaboratori che assicurano la crescita continua e l'innovazione del linguaggio.

1.3 - Dove è utilizzato Python? In quali società?

Google:

Il motore di ricerca più famoso al mondo, Google, è in parte guidato da Python. Python è uno dei linguaggi di programmazione più importanti per Google, utilizzato per una vasta gamma di applicazioni e servizi. Fin dalle prime fasi dello sviluppo di Google, Python è stato preferito per la sua semplicità, leggibilità e facilità di manutenzione del codice. Infatti, Google utilizza Python non solo per il backend del suo motore di ricerca, ma anche per numerosi strumenti interni e progetti. Python è stato scelto per il suo equilibrio ideale tra facilità di sviluppo e prestazioni, rendendolo perfetto per la rapida crescita e l'innovazione continua che caratterizzano l'ambiente di Google.

Gli sviluppatori di Google di YouTube, acquisito nel 2006, si affidano anche ampiamente a Python. Questo linguaggio è utilizzato in quasi ogni aspetto di YouTube, dalla gestione dei contenuti e delle raccomandazioni fino alla gestione delle infrastrutture server. Python permette agli ingegneri di YouTube di implementare rapidamente nuove funzionalità, migliorare gli algoritmi di suggerimento dei video e gestire enormi volumi di dati video in modo efficiente. L'adozione di Python su YouTube ha contribuito a mantenere la piattaforma flessibile e scalabile, consentendo l'integrazione continua di nuove tecnologie e miglioramenti.

Inoltre, Python è integrato in molti altri servizi e prodotti di Google, come Google Ads, Google Cloud, e Google Maps. La versatilità e la potenza di Python lo rendono ideale per affrontare problemi complessi e per automatizzare processi ripetitivi. Ad esempio, Google utilizza Python per sviluppare script di automazione, analizzare grandi volumi di dati, e persino per la gestione dell'infrastruttura cloud. Python, con il suo vasto ecosistema di librerie e framework, consente agli ingegneri di Google di sperimentare rapidamente nuove idee e di implementare soluzioni su scala globale.

Dropbox:

Dropbox è un servizio di file hosting che consente l'archiviazione di file, la sincronizzazione, il cloud storage e la condivisione di documenti. Questo servizio permette agli utenti di salvare file online e sincronizzarli automaticamente su tutti i dispositivi collegati, come computer, smartphone e tablet. Grazie a Dropbox, è possibile accedere ai propri file in qualsiasi momento e da qualsiasi luogo, purché si disponga di una connessione a Internet. Dropbox supporta anche la collaborazione in tempo reale, consentendo a più utenti di modificare e aggiornare documenti condivisi simultaneamente. Inoltre, offre funzionalità avanzate come il recupero di versioni precedenti dei file, la gestione delle autorizzazioni di accesso e l'integrazione con diverse applicazioni di terze parti per migliorare la produttività e la gestione dei progetti.

Quora:

Questo sito web ha le risposte a tutte le nostre domande, fornendo una piattaforma per condividere conoscenze e informazioni su un'ampia gamma di argomenti. Gli sviluppatori di Quora si affidano effettivamente al linguaggio Python per costruire e mantenere l'infrastruttura del sito. Python è utilizzato per gestire la logica del backend, l'elaborazione dei dati e la gestione delle richieste degli utenti, rendendo il sito veloce ed efficiente. La scelta di Python da parte di Quora è dovuta alla sua facilità d'uso, leggibilità del codice e alla capacità di gestire grandi quantità di dati con alta efficienza, garantendo così un'esperienza utente fluida e intuitiva.

Grazie a Python, Quora è in grado di scalare facilmente e di adattarsi rapidamente alle nuove esigenze degli utenti.

Instagram:

Instagram è un'app di social media molto popolare che permette agli utenti di condividere foto e video con la propria rete di follower e di interagire con i contenuti pubblicati da altri utenti. L'applicazione si affida a Python per gestire gran parte delle sue operazioni backend. Python è utilizzato per processare le richieste degli utenti, gestire grandi volumi di dati e assicurare che l'applicazione funzioni in modo efficiente e rapido. La scelta di Python da parte di Instagram è dovuta alla sua sintassi semplice e leggibile, alla sua capacità di gestire dati complessi e alla rapidità con cui consente di sviluppare nuove funzionalità. Inoltre, Python viene utilizzato per garantire la sicurezza della piattaforma, analizzare dati per migliorare l'esperienza utente e sostenere la scalabilità dell'infrastruttura, permettendo a Instagram di adattarsi costantemente alle esigenze di una comunità globale sempre più ampia.

BitTorrent:

BitTorrent è un oceano di database e contenuti. Le fondamenta di questo sito web sono costruite su Python.

NASA

Gli scienziati e ingegneri della NASA utilizzano Python per eseguire una vasta gamma di calcoli complessi, il che consente loro di ridurre i tempi di analisi e semplificare notevolmente il loro lavoro quotidiano. Uno degli strumenti più avanzati sviluppati dalla NASA che utilizza Python è OpenMDAO, una piattaforma open-source per la progettazione e l'ottimizzazione multidisciplinare. OpenMDAO è stato creato per facilitare la modellazione, l'analisi e l'ottimizzazione di sistemi complessi, come quelli utilizzati nelle missioni spaziali.

Python è il linguaggio principale utilizzato per lo sviluppo di OpenMDAO a causa della sua leggibilità, flessibilità e della vasta gamma di librerie scientifiche disponibili, come NumPy e SciPy, che supportano il calcolo numerico avanzato e l'analisi dei dati. Grazie a Python, OpenMDAO può essere utilizzato per simulare e ottimizzare il design di veicoli spaziali, consentendo agli ingegneri di esplorare rapidamente diverse configurazioni e di trovare soluzioni ottimali che migliorino le prestazioni e riducano i costi delle missioni.

Oltre a OpenMDAO, Python viene impiegato in altre applicazioni della NASA, come l'analisi dei dati provenienti dalle missioni spaziali, la modellazione di fenomeni astrofisici e il controllo dei veicoli spaziali. L'uso di Python in questi contesti consente una rapida prototipazione, verifica e implementazione di nuovi algoritmi e modelli, supportando la continua innovazione e miglioramento delle tecnologie spaziali.

L'adozione di Python da parte della NASA, in particolare attraverso strumenti come OpenMDAO, dimostra la sua capacità di gestire progetti ingegneristici complessi e di contribuire all'esplorazione spaziale, rendendo i processi di progettazione e analisi più efficienti e accessibili.

NSA

La National Security Agency utilizza Python per l'analisi della sicurezza informatica e per scopi di crittografia e decrittografia.

UNIVERSITA' E ISTITUTI DI RICERCA

Molte università italiane, come il Politecnico di Milano, l'Università di Roma "La Sapienza", l'Università di Bologna, e l'Università di Pisa, utilizzano Python nei loro programmi di studio per l'informatica, l'ingegneria, la matematica e le scienze. Python è spesso utilizzato per l'insegnamento della programmazione, dell'analisi dei dati e dell'apprendimento automatico, oltre che per la ricerca scientifica e accademica.

1.4 - Ragioni della popolarità di Python

Una community attiva e sana:

La spina dorsale di ogni progetto di successo è il coinvolgimento attivo dei suoi membri, e la comunità di Python ne è un perfetto esempio. Questa comunità globale è composta da sviluppatori di tutte le abilità e background, dai principianti agli esperti, che collaborano costantemente per migliorare il linguaggio e aiutarsi reciprocamente. Una delle caratteristiche distintive della comunità di Python è la sua vasta e dettagliata documentazione, che rende facile per chiunque, anche per chi è nuovo alla programmazione, imparare ad utilizzare il linguaggio e le sue librerie. Inoltre, la community organizza regolarmente eventi, conferenze come PyCon, e meetup locali, dove gli sviluppatori possono condividere conoscenze, discutere di nuove tecnologie e trovare soluzioni a problemi comuni. La disponibilità della community a fornire supporto, sia attraverso forum online che in gruppi di discussione, è un altro punto di forza, rendendo Python un ambiente accogliente e collaborativo per tutti.

Le librerie Python:

Python offre un numero enorme di librerie che sono particolarmente adatte per una vasta gamma di applicazioni, come l'apprendimento automatico (machine learning), l'analisi dei dati, la sperimentazione scientifica e la visualizzazione dei dati. Librerie come TensorFlow, Keras e PyTorch sono fondamentali per il machine learning e l'intelligenza artificiale, mentre Pandas, NumPy e SciPy sono strumenti essenziali per la manipolazione dei dati e l'analisi numerica. Matplotlib e Seaborn sono tra le librerie più utilizzate per la visualizzazione dei dati, offrendo potenti strumenti per creare grafici e diagrammi complessi. Inoltre, Python supporta anche la gestione dei big data grazie a librerie come Dask e PySpark, che facilitano il processamento e l'analisi di grandi volumi di dati. Uno dei motivi principali del successo di Python è la sua capacità di legare insieme big data e applicazioni web, rendendolo uno strumento versatile per sviluppatori e data scientist.

Versatilità:

Python è uno dei linguaggi di programmazione più versatili al mondo, capace di essere utilizzato per sviluppare un'ampia varietà di applicazioni, dalle applicazioni web con framework come Django e Flask, alle applicazioni desktop, fino ai videogiochi con librerie come Pygame. Questa versatilità deriva dalla capacità di Python di interfacciarsi con altri linguaggi di programmazione e di integrarsi facilmente con diverse tecnologie e piattaforme. Inoltre, Python è noto per la sua affidabilità ed efficienza, rendendolo ideale non solo per prototipi rapidi, ma anche per progetti di produzione su larga scala.

Accessibilità:

Python è uno dei linguaggi di programmazione più accessibili e facili da imparare, caratteristica che lo rende perfetto per i neofiti. Grazie alla sua sintassi semplice e leggibile, chiunque può iniziare a programmare in Python senza dover affrontare una curva di apprendimento ripida. Python è disponibile gratuitamente e può essere installato e utilizzato su tutte le principali piattaforme, inclusi Windows, macOS e Linux. Inoltre, esistono numerose risorse online, come tutorial, corsi, e libri, che rendono l'apprendimento di Python ancora più accessibile. Questo ha permesso a Python di diventare uno dei linguaggi di programmazione più popolari tra gli studenti e i principianti di tutto il mondo.

1.5 - Caratteristiche di Python

Le caratteristiche di Python sono molteplici, di seguito si riportano le principali e più interessanti:

- Python rende la programmazione divertente perché è semplice e induce l'utente a concentrarsi più sulla soluzione del problema che sulla sintassi del codice. Grazie alla sua sintassi chiara e leggibile, Python riduce la complessità tipica di altri linguaggi di programmazione, permettendo agli sviluppatori di essere più creativi e innovativi. Questo approccio intuitivo rende Python particolarmente adatto sia per i principianti che per gli sviluppatori esperti che desiderano prototipare rapidamente nuove idee senza preoccuparsi degli intricati dettagli sintattici.
- Python dispone di un enorme supporto di librerie, che facilita l'ottenimento di soluzioni a vari problemi. Con una vasta gamma di librerie come NumPy, Pandas, Matplotlib, TensorFlow, e Django, Python offre strumenti potenti per diverse applicazioni, dall'analisi dei dati e machine learning allo sviluppo web e scientific computing. Questa ricchezza di librerie pronte all'uso consente agli sviluppatori di risparmiare tempo, utilizzando codice già ottimizzato e testato per affrontare problemi complessi senza doverli risolvere da zero.
- È un linguaggio interpretato, il che significa che le istruzioni vengono eseguite direttamente senza essere compilate in precedenza. Questo approccio permette un ciclo di sviluppo rapido, in cui il codice

può essere scritto, eseguito e modificato in tempo reale, rendendo Python ideale per lo sviluppo agile e la prototipazione rapida. Inoltre, il fatto che Python sia un linguaggio molto leggibile e comprensibile significa che chiunque può impararlo rapidamente, indipendentemente dal proprio background tecnico. La sua semplicità di sintassi e la mancanza di complessità superflue rendono il linguaggio accessibile a un'ampia gamma di sviluppatori, dai principianti agli esperti.

- Python è un linguaggio di programmazione trasversale, il che significa che il codice scritto può essere eseguito su qualsiasi piattaforma, con modifiche minime o nulle. Questo lo rende estremamente versatile per lo sviluppo di applicazioni multipiattaforma, che possono funzionare su Windows, macOS, Linux e persino dispositivi mobili. Inoltre, Python può essere trattato come un linguaggio strutturato, un linguaggio di scripting, un linguaggio orientato agli oggetti o un linguaggio modulare. Questa flessibilità consente agli sviluppatori di scegliere lo stile di programmazione che meglio si adatta alle esigenze specifiche del loro progetto, migliorando l'efficienza e la produttività.
- Python supporta anche la portabilità, il che significa che l'utente può scrivere il proprio codice e condividerlo con qualsiasi altro utente, e funzionerà allo stesso modo su diverse piattaforme. Ciò semplifica notevolmente il trasferimento di progetti tra diversi ambienti di

sviluppo e sistemi operativi, rendendo Python una scelta eccellente per lo sviluppo collaborativo e la distribuzione del software. Inoltre, Python può essere facilmente integrato con altri linguaggi come Java, C++, e molti altri, grazie a strumenti come Jython e Cython. Essendo anche un linguaggio gratuito e open source, Python consente modifiche e miglioramenti senza alcuna restrizione, incoraggiando l'innovazione e il continuo miglioramento da parte della comunità globale degli sviluppatori.

1.6 - Comparazione di Python con i linguaggi Java, C++

Python è utilizzato dai siti Web di tutto il mondo. Python si rivela migliore di Java in molti casi, per quanto attiene la leggibilità del codice, la sintassi, i problemi di legacy minori ecc. Rispetto a C ++ è migliore in termini di leggibilità del codice, sintassi e ambito delle variabili ecc. Python è leader in aree come la leggibilità ed intelligibilità del codice, le tendenze di impiego in ambito lavorativo, la popolarità, ecc.

2 - INIZIAMO A CONOSCERE PYTHON

2.1 - Cosa si può fare con Python?

Le possibili applicazioni di Python sono pressocchè infinite, ma ve ne sono alcune principali e più comuni che riportiamo di:

   I. **Sviluppo Web / Web Frameworks**

Python è incredibile per lo sviluppo web. Dispone di app aziendali arricchite di dati, con una forte connettività di database e un incredibile sistema di gestione dei contenuti. I framework web come Django e flask basati su Python sono diventati recentemente molto popolari per lo sviluppo web. Questi framework web aiutano a creare codice lato server <->, vale a dire il codice che esegue il server di sistema e che, nelle architetture cloud, viene poi eseguito sui dispositivi dell'utente (front-end).

Perché è necessario un framework?

L'utilizzo di un webframe semplifica la creazione di una logica di backend comune come la mappatura degli URL del codice Python, la gestione dei database, la generazione di file HTML che gli utenti vedono sui propri browser.

   II. **Che cosa è la Machine Learning?**

L'apprendimento automatico, detto anche "Machine Learning", in genere implementa un algoritmo che rileva

automaticamente un pattern, un percorso, nelle app date.
Ad esempio si carica un'immagine di un animale (un cane o
un gatto) e un'altra immagine di un oggetto (un tavolo) e si
lascia che la macchina riconosca la differenza tra le due.
Questa presa di "coscienza" delle differenze, avviene per il
tramite di un algoritmo ideato dall'uomo. Il machine
learning può essere applicato ad infinite sfere
dell'apprendimento. Ad esempio, sono molto diffusi
sistemi di machine learning per il riconoscimento facciale,
il riconoscimento vocale, e così via. Gli algoritmi di
machine learning più diffusi sono:

- Le reti neurali
- Il "Deep Learning"
- Il "supporto alle machine vettoriali"
- Il "Random forest"

Senza entrare nel dettaglio di questi algoritmi, uno
qualsiasi fra essi può essere utilizzato, ad esempio, per
risolvere il problema dell'identificazione di una immagine e
per il suo inquadramento (ad esempio, nella distinzione tra
animale ed oggetto).

III.   Data Analysis/Data Visualization

Pyhton è un framework impeccabile per l'analisi dei dati
grazie alle sue capacità scientifiche e numeriche
ampiamente utilizzate. La visualizzazione dei dati è il primo
passo per qualsiasi lavoro di analisi dei dati. La
visualizzazione dei dati spesso fornisce una comprensione

intuitiva dei fenomeni studiati, ad esempio un grafico di analisi dei dati può aiutare a comprendere il perché un determinato bene sia più facilmente vendibile ad una determinata tipologia di clienti oppure una valutazione della funzione sottostante un fenomeno può aiutare a realizzare delle stime e delle proiezioni molto attendibili per il futuro. Pyhthon, come detto, ha enormi librerie per l'analisi dei dati (ad esempio matplotlib) e ciò rende tale strumento davvero unico.

IV. Scripting

Lo scripting si riferisce generalmente alla scrittura di piccoli programmi progettati per automatizzare attività semplici e ripetitive. Questo approccio è particolarmente utile per sviluppatori, amministratori di sistema e utenti con competenze informatiche di base che desiderano automatizzare compiti manuali, migliorare l'efficienza e ridurre il rischio di errori umani. Python è un linguaggio ideale per lo scripting grazie alla sua sintassi semplice e intuitiva, che è facile da imparare e utilizzare anche per chi è nuovo alla programmazione. La chiarezza del codice e la leggibilità di Python permettono di scrivere script rapidamente ed efficacemente, facilitando sia la scrittura che il test del codice.

Tuttavia, lo scripting non è limitato solo agli utenti principianti. Anche gli utenti con conoscenze avanzate sfruttano le capacità di scripting di Python per creare script complessi che possono automatizzare processi avanzati e integrarsi con sistemi più complessi. Grazie alla vasta gamma di librerie e moduli integrati, Python può essere utilizzato per automatizzare attività che vanno dalla manipolazione di file e cartelle, alla gestione di database, all'automazione del web scraping e persino alla gestione di server e risorse cloud. Per gli utenti esperti, Python offre moduli come os, shutil, subprocess, e paramiko, che permettono di eseguire comandi avanzati, gestire processi remoti e interagire con sistemi di rete complessi.

Nel corso di questo libro, verranno presentati esempi di piccoli script per insegnare le basi della programmazione in Python e dimostrare come il linguaggio possa essere utilizzato per automatizzare diversi tipi di attività. Gli esempi proposti copriranno un'ampia gamma di situazioni, da semplici script per la gestione dei file e l'elaborazione dei dati, a script più complessi per interagire con API, automatizzare flussi di lavoro e analizzare dati in tempo reale. L'intento è di fornire sia ai principianti sia agli utenti più esperti gli strumenti necessari per sfruttare al meglio Python per le attività di scripting e automazione.

Con l'approccio progressivo adottato in questo libro, i lettori avranno l'opportunità di imparare non solo a creare script efficaci, ma anche a capire i concetti fondamentali di Python che potranno applicare in progetti più complessi. Questa sezione del libro servirà come una guida pratica, offrendo esempi concreti e adattabili che mostreranno come Python possa essere utilizzato per risolvere problemi reali e quotidiani.

V. Applicazioni per i giochi

Le logiche dei giochi possono essere scritte in linguaggio pyhton. Uno dei framework delle librerie di Python per lo sviluppo di giochi è il PI. Quest'ultimo è una sorta di framework multimediale orientato al codice, incentrato sui principianti. Si basa sulla libreria SDL: una libreria introduttiva per lo sviluppo di giochi Python. Allo stesso modo, anche Piglet è un sistema di sviluppo di giochi. Entrambi sono framework basati su codice per la creazione di giochi utilizzando il linguaggio Python. Altri framework simili nella libreria di Pyhton sono ad es. arcade, Ren'Py, cocos2d, Panda 3D ecc.

VI. Applicazioni Desktop

Python è una piattaforma multipla, ciò significa che il codice scritto in Python può essere eseguito su qualsiasi sistema operativo principale che sia basato su Windows, MacOs e Linux. I framework "QT" sono popolari per scrivere applicazioni desktop in linguaggio Python. Sono disponibili diversi Pyhton QT binding, ma i più usati ed importanti sono PyQt e PySide. Il binding è scritto in C ++ e per C ++, laddove il codice scritto in Python internamente PyQt esegua le sue funzioni in C ++ per comprendere la codifica.

VII. Applicazioni Business

Python è una piattaforma molto robusta, dotata di funzionalità di sicurezza avanzate che la rendono ideale per lo sviluppo di applicazioni aziendali. Grazie alla sua flessibilità e facilità d'uso, Python è utilizzato per creare software gestionali, sistemi di gestione delle risorse aziendali (ERP), applicazioni per la gestione delle relazioni con i clienti (CRM), e molto altro. Le sue librerie di sicurezza, come cryptography e PyCryptodome, forniscono strumenti per implementare crittografia avanzata, gestione delle chiavi e protocolli di autenticazione sicuri, essenziali per proteggere i dati sensibili e le comunicazioni aziendali.

Inoltre, Python è altamente scalabile e può essere integrato facilmente con altre tecnologie, rendendolo adatto sia per piccole imprese che per grandi aziende. La sua capacità di interfacciarsi con database come SQL e NoSQL, insieme al supporto per servizi web e API RESTful, permette alle aziende di sviluppare soluzioni personalizzate che possono crescere insieme alle loro esigenze.

2.2 - Che cos'è il coding?

Il coding è un insieme preciso di istruzioni che un computer o un dispositivo può comprendere. Esso spiega esattamente ciò che l'utente desidera che il proprio computer faccia in un dato momento. I computer devono sapere esattamente come reagire a cose come il clic di un mouse o la pressione di un pulsante e qualunque cosa accada, alla fine sta avvenendo a causa di righe di codice scritte da un programmatore umano.

2.3 - Che cos'è l'IDE?

IDE è l'acronimo di Integrated Development Environment (ambiente di sviluppo integrato). È un'interfaccia utente grafica in cui i programmatori scrivono il loro codice e producono il loro prodotto finale. Un IDE fondamentalmente unifica tutti gli strumenti essenziali richiesti per lo sviluppo e il test del software, il che a sua volta aiuta il programmatore a massimizzare il suo rendimento. Alcuni IDE sono generici nel senso che possono supportare un numero di linguaggi come Sublime Text, Atom, Visual Studio, ecc. Gli IDE specifici supportano solo un linguaggio specifico. Gli IDE aiutano anche a capire quando si commettono errori di sintassi. Alcuni esempi di questi sono Pycharm per Python, J creater per Java, Ruby mine per Ruby on rails.

Caratteristiche di un IDE:

Editors di codice:

Gli editors di codice sono applicazioni in grado di scrivere e manipolare il codice sorgente, possono essere applicazioni autonome o possono essere integrate negli IDE. L'unica caratteristica che l'editor di codice dovrebbe supportare è la possibilità di modificare il testo. D'altra parte un IDE è un ambiente completo in cui è possibile creare applicazioni software.

Syntax Highlighting :

L'evidenziazione della sintassi (Syntax Highlighting) viene utilizzata per contrassegnare la sintassi della lingua di base in diversi colori e caratteri.

Auto Completamento:

Il completamento automatico è progettato per ridurre al minimo il consumo di tempo.

Debugger:

Un debugger è disponibile in IDE per testare ed eseguire il debug del codice sorgente.

Compilers:

I compilatori (compilers) sono strumenti in IDE per tradurre i codici sorgente da una lingua all'altra.

Supporto linguistico:

Gli IDE possono essere specifici di una lingua o possono supportare più lingue. La scelta si basa sull'utente per individuare e abbracciare gli IDE di sua scelta.

Alcuni IDEs per Python

Esistono vari Ambienti di Sviluppo Integrati (IDE) che facilitano la programmazione in Python, offrendo strumenti utili per migliorare l'efficienza degli sviluppatori. Ecco una panoramica dei più diffusi:

- **IDLE**: L'IDE standard che viene installato insieme a Python. È semplice e leggero, perfetto per chi è agli inizi e vuole imparare le basi del linguaggio.

- **Thonny**: Un IDE creato specificamente per chi sta iniziando a programmare. Ha un'interfaccia facile da usare e un debugger passo-passo che aiuta a comprendere meglio il flusso del codice.

- **Atom**: Un editor di testo molto versatile, sviluppato da GitHub, che può essere configurato per supportare Python tramite pacchetti aggiuntivi. Include funzionalità avanzate come l'autocompletamento del codice e l'integrazione con il controllo versione.

- **Eric Python**: Un IDE potente basato sul framework Qt, che offre strumenti avanzati come il debug, l'autocompletamento e il supporto per il controllo di versione. È adatto sia per i principianti che per i programmatori esperti.

- **Wing**: Un IDE commerciale pensato per Python, conosciuto per la sua interfaccia personalizzabile e gli strumenti avanzati di debug e testing. È molto utile per lo sviluppo di applicazioni di grandi dimensioni.

- **Sublime Text**: Un editor di testo veloce e leggero, con un'interfaccia semplice. Supporta Python attraverso plugin e offre un'ottima esperienza per chi preferisce un ambiente di programmazione minimalista ma efficiente.

- **Rodeo**: Un IDE sviluppato per la data science con un focus specifico su Python. Offre strumenti per l'analisi e la visualizzazione dei dati, ed è particolarmente utile per lavorare con grandi dataset.

- **PyDev**: Un plugin per Eclipse che trasforma questo IDE Java in un ambiente di sviluppo Python robusto, con funzionalità di autocompletamento del codice, refactoring e debugging.

- **Spyder**: Un IDE molto popolare tra i data scientist, integra perfettamente librerie come NumPy, SciPy, Matplotlib e Pandas. È ideale per l'analisi dei dati e per chi lavora in ambito scientifico.

- **PyCharm (PC)**: Uno degli IDE più avanzati per Python, sviluppato da JetBrains. Offre funzionalità complete per il completamento del codice, il debugging, il testing e l'integrazione con il controllo di versione. Disponibile sia in una versione gratuita (Community) che in una versione a pagamento (Professional).

- **Jupyter**: Un ambiente interattivo che permette di creare e condividere documenti contenenti codice eseguibile, grafici, testo e altro ancora. È molto usato nella data science e nella ricerca accademica per il suo approccio flessibile e interattivo.

Ogni IDE ha i suoi punti di forza e può essere scelto in base alle esigenze specifiche e al livello di esperienza degli sviluppatori che utilizzano Python.

2.4 - Installazione di Python

Python può essere scaricato dal sito ufficiale della Python Software Foundation all'indirizzo python.org. Per ottenere il software, è necessario scaricare il programma di installazione appropriato per il proprio sistema operativo (Windows, macOS, Linux, ecc.) e avviarlo per l'installazione sulla propria macchina. Python è disponibile in diverse versioni, ma si consiglia di scaricare sempre l'ultima versione stabile per beneficiare delle ultime funzionalità e correzioni di sicurezza.

Passaggi per il download e l'installazione di Python:

1. **Visita il sito ufficiale**: Apri il browser sul tuo computer e digita "python.org" nella barra degli indirizzi. Questo ti porterà al sito ufficiale della Python Software Foundation.

2. **Naviga alla sezione download**: Una volta sul sito, clicca sulla sezione "Downloads" nel menu principale. Python.org rileverà automaticamente il sistema operativo del tuo dispositivo e suggerirà la versione di Python più appropriata.

3. **Seleziona la versione di Python**: È consigliabile scaricare l'ultima versione di Python. Se hai bisogno di una versione specifica per compatibilità con altre applicazioni o librerie, puoi trovare tutte le versioni disponibili nella sezione "All releases".

4. **Scarica il programma di installazione**: Dopo aver selezionato la versione di Python adatta al tuo sistema operativo, fai clic sul pulsante "Download". Il file del programma di installazione verrà scaricato sul tuo computer.

5. **Avvia l'installazione**: Una volta completato il download, apri il file scaricato per avviare l'installazione. Assicurati di selezionare l'opzione "Add Python to PATH" per facilitare l'utilizzo di Python dal prompt dei comandi o terminale.

6. **Installa Python**: Fai clic su "Install Now" per iniziare l'installazione. Il processo installerà Python e gli strumenti associati, come pip (il gestore dei pacchetti per Python), IDLE (l'ambiente di sviluppo integrato di Python), e altre utilità.

7. **Completa l'installazione**: Una volta completata l'installazione, fai clic su "Finish". Ora Python è pronto per essere utilizzato sul tuo sistema.

8. **Verifica l'installazione**: Per assicurarti che Python sia stato installato correttamente, apri il terminale o il prompt dei comandi e digita python --version o python3 --version. Dovresti vedere la versione di Python installata visualizzata.

Seguendo questi semplici passaggi, avrai Python configurato e pronto per l'uso, permettendoti di iniziare a programmare, sperimentare e automatizzare compiti direttamente dal tuo computer.

2.5 - Installazione di Anaconda

Per utilizzare Jupyter Notebook, un ambiente di sviluppo integrato molto popolare per Python, è consigliato installare la piattaforma Anaconda, che fornisce Jupyter insieme a una suite di strumenti scientifici e di data science. Anaconda è una distribuzione gratuita di Python e R che include oltre 1.500 pacchetti, rendendo più semplice la gestione delle librerie e delle dipendenze. Per installare Anaconda, segui questi passaggi:

1. **Vai al sito web ufficiale**: Visita "anaconda.com" e naviga alla sezione "Products" per trovare "Anaconda Distribution".

2. **Scarica il programma di installazione**: Fai clic su "Download" per accedere alla pagina di download. Qui puoi selezionare la versione di Anaconda da scaricare.

3. **Scegli il sistema operativo**: Seleziona il sistema operativo che stai utilizzando, come Windows, macOS o Linux.

4. **Seleziona la versione di Python**: Anaconda supporta l'ultima versione di Python, come Python 3.9 o successiva. Scegli la versione più recente disponibile per assicurarti di avere il supporto completo e gli ultimi aggiornamenti di sicurezza. Evita di scaricare versioni precedenti, come Python 2.7, poiché non è più supportata.

5. **Scarica il file di installazione**: Dopo aver selezionato il sistema operativo e la versione di Python desiderata, fai clic su "Download" per scaricare il programma di installazione di Anaconda.

6. **Esegui il programma di installazione**: Una volta completato il download, apri il file scaricato per avviare il processo di installazione. Segui le istruzioni visualizzate sullo schermo per completare l'installazione. Durante il processo, assicurati di aggiungere Anaconda al tuo PATH per consentire un accesso più semplice ai suoi strumenti.

7. **Verifica l'installazione**: Dopo aver completato l'installazione, apri "Anaconda Navigator", un'interfaccia grafica per gestire gli ambienti e i pacchetti. Da qui, puoi lanciare Jupyter Notebook direttamente e iniziare a utilizzarlo per scrivere ed eseguire codice Python.

Seguendo questi passaggi, avrai Jupyter Notebook configurato attraverso Anaconda, pronto per essere utilizzato per la programmazione, l'analisi dei dati e lo sviluppo di progetti in Python.

2.6 - La sintassi di Python

La sintassi di Python è un insieme di regole che definisce come scrivere ed interpretare il codice nel linguaggio Python. Include parole chiave, delimitatori, operatori e formattazione che determinano la struttura di un programma e come viene interpretato dal computer. Le parole chiave sono termini riservati con significati specifici che non possono essere usati per altri scopi, come nomi di variabili o funzioni. In Python, le parole chiave sono essenziali per costruire la logica del programma.

Python include una varietà di parole chiave predefinite, ognuna delle quali serve per svolgere un compito specifico nel programma. Queste parole chiave, come if, else, elif, for, while, break, continue, def, return, class, try, except, finally, import, from, as, global, nonlocal, lambda, with, assert, pass, yield, True, False, e None, sono utilizzate per definire il comportamento del codice. Ad esempio:

- Le parole chiave if, else e elif servono per gestire condizioni e prendere decisioni nel codice.

- for e while sono utilizzate per creare cicli che ripetono un blocco di codice fino a quando una condizione è vera.

- def è usato per definire funzioni, mentre return restituisce un valore da una funzione.

- try, except, e finally gestiscono errori ed eccezioni, permettendo al programma di continuare a funzionare anche in caso di problemi.

Oltre alle parole chiave, la sintassi di Python include diverse regole da rispettare per scrivere codice valido:

- **Indentazione:** In Python, l'indentazione è fondamentale per definire blocchi di codice. A differenza di molti altri linguaggi che utilizzano parentesi graffe {} per delimitare i blocchi, Python utilizza l'indentazione (spazi o tabulazioni) per questo scopo. Ogni blocco di codice deve essere allineato in modo coerente; altrimenti, si otterrà un errore di sintassi. Esempio:

    ```
    if x > 0:
    print("x è un numero positivo")
    else:
    print("x non è un numero positivo")
    ```

- **Case Sensitivity**: Python distingue tra lettere maiuscole e minuscole, quindi Variable, variable e VARIABLE sono considerati identificatori distinti.

- **Commenti**: I commenti iniziano con il simbolo # e continuano fino alla fine della riga. Python supporta anche commenti su più righe usando triple virgolette (''' o """). Esempio:

    # Questo è un commento su una riga - singolo

    """
    Questo è un commento fatto
    su più righe.
    """

- **Assegnazione di variabili**: Non è necessario dichiarare esplicitamente il tipo di una variabile in Python. Il tipo viene determinato automaticamente in base al valore assegnato. L'operatore = viene utilizzato per l'assegnazione. Esempio (si noti che prima non abbiamo dovuto dire a Python che nome è una variabile stringa e che età è una variabile numerica per interi):

    nome = "Giovanni"
    eta = 25

- **Stringhe**: Le stringhe possono essere delimitate da virgolette singole (') o doppie ("), mentre per stringhe multilinea si usano triple virgolette (''' o """). Esempio:

stringa = "Ciao cari amici!"

stringa_multilinea = """Questa è una stringa

che si estende

su più righe."""

- **Operatori**: Python offre diversi tipi di operatori, tra cui aritmetici (+, -, *, /), di confronto (==, !=, <, >), logici (and, or, not), e di assegnazione (=, +=, -=).

- **Strutture di controllo**: Python supporta strutture di controllo come if, else, elif, cicli for e while, e gestione delle eccezioni con try, except, finally.

- **Funzioni e moduli**: Le funzioni si definiscono con def e possono restituire valori con return. I moduli, che sono file Python contenenti funzioni, variabili e classi, possono essere importati usando import. Esempio:

```
def saluta(nome):
    return f"Ciao, {nome}!"

print(saluta("Giovanni"))
```

- **Gestione delle eccezioni**: Python permette di gestire errori ed eccezioni per garantire che i programmi funzionino correttamente anche in presenza di condizioni inattese. Questo viene fatto utilizzando try, except, else, e finally. Esempio:

```
try:
    numero = int(input("Inserisci un numero: "))
except ValueError:
    print("Errore: inserisci un numero valido.")
else:
    print("Hai inserito il numero:", numero)
finally:
    print("Questo blocco viene eseguito sempre.")
```

Chiaramente questa è solo una primissima introduzione al tema della sintassi; quanto visto sarà trattato più approfonditamente nel proseguo del testo.
La sintassi di Python è progettata per essere facile da imparare e utilizzare, rendendola accessibile sia per i principianti che per gli sviluppatori esperti. La sua chiarezza consente di scrivere codice leggibile, mantenibile e meno incline a errori. Inoltre, la semplicità della sintassi di Python aiuta a ridurre il tempo speso nella risoluzione dei problemi legati alla scrittura del codice, permettendo agli sviluppatori di concentrarsi sulla logica e sull'algoritmo del programma.

L'importanza di una sintassi leggibile è centrale nella filosofia di Python, nota anche come "The Zen of Python", che enfatizza la semplicità e la leggibilità del codice come principi fondamentali del linguaggio. Questo approccio rende Python ideale per collaborare su progetti, poiché il codice scritto da un programmatore può essere facilmente compreso e modificato da altri.

In conclusione, la sintassi di Python è un insieme di regole e convenzioni che facilitano la scrittura di programmi chiari ed efficaci. Grazie alla sua semplicità, alla flessibilità e alla vasta gamma di parole chiave, Python è uno dei linguaggi di programmazione più utilizzati al mondo, adatto a un'ampia gamma di applicazioni, dalla programmazione di base alla data science, dallo sviluppo web all'intelligenza artificiale. La sintassi intuitiva e la facilità d'uso fanno di Python uno strumento indispensabile per sviluppatori di tutti i livelli, contribuendo alla sua popolarità globale.

2.7 - Commenti in Python

Abbiamo già accennato in precedenza al tema dei commenti. I commenti sono dichiarazioni di coerenza del programmatore che descrivono il significato di un blocco di codice e diventano molto utili specialmente quando si scrivono grandi blocchi di codici. Ad esempio, se un utente programmatore ha sviluppato un software e ora sta lavorando a qualcosa di nuovo e completamente diverso, l'utente potrebbe scoprire in una fase successiva, magari su segnalazione di qualche utilizzatore del software, che il suo programma precedente sta generando degli errori.

L'inserimento dei commenti in fase di programmazione, potrebbe aiutare lo sviluppatore a capire più velocemente cosa ha realizzato durante la programmazione, identificando più velocemente "cosa significano" le righe di codice precedentemente scritte.

Questo potrebbe aiutare nella ricerca degli errori (o bug). Un buon codice consiste in realtà di commenti rilevanti e questi commenti aumentano effettivamente la leggibilità del programma non solo ai programmatori ma anche agli altri utilizzatori del codice stesso.

Python consente di commentare, come già affermato, il codice scritto. E' buona norma abituarsi sin da subito alla scrittura di codice ampiamente commentato.

2.8 – Come commentare il codice

I commenti sono molto utili, ma solo se vengono implementati con saggezza. Occorre tenere a mente i seguenti punti quando si commenta il codice:

- I commenti devono essere precisi e chiari

- I commenti devono risultare brevi, sintetici e pertinenti

- I commenti devono essere "specifici" per il blocco di codice cui si riferiscono (ad esempio, risulta inefficace commentare il codice riferendosi a 20 righe precedenti...)

- Occorre mantenere l'etica del linguaggio: non è opportuno commentare utilizzando riferimenti "soggettivi"

- I commenti devono essere meno ridondanti possibile

Tipologie di commenti

Esistono due tipi di commenti

i) Commento su una sola riga

Il commento a riga singola può essere visualizzato in una riga singola o in linea con un altro codice.

Esempio:

moltiplicazione di due variabili

a=1

B=2

C=a*b

Print(c) # risultato

Output - 2

i)   Commenti multi-linea

I commenti su più righe possono apparire ovunque nel codice, ma ogni riga deve essere preceduta da un carattere #.

Esempio:

#aggiungere 2 variabili

#ottenere il risultato della somma

a=2

b=3

c=a+b

Print(c)

Output – 5

3 – LE VARIABILI

3.1 – Caratteristiche principali delle variabili

In qualsiasi linguaggio di programmazione, una variabile è una posizione di memoria in cui l'utente può memorizzare un valore. Il valore che l'utente ha memorizzato potrebbe cambiare in futuro secondo le specifiche fornite. Le variabili in Python possono essere create tramite l'assegnazione di un valore. Non vi è necessità di alcun ulteriore comando aggiuntivo per dichiarare una variabile.

Ad esempio, abbiamo una variabile "x" e le abbiamo assegnato un valore "10": ora la variabile "x" è stata dichiarata poiché le abbiamo assegnato un valore.

Ci sono alcune regole da tenere a mente quando si dichiara una variabile:

• Il nome della variabile non può iniziare con un numero, può solo iniziare con un carattere o un trattino basso.

• Le variabili in Python fanno distinzione tra maiuscole e minuscole (età, Età e eTà sono tre variabili diverse).

• Possono contenere solo caratteri alfanumerici e trattini bassi.

• Non sono consentiti caratteri speciali per denominare le variabili.

Esempio:

1) Prendi una variabile "x" e assegnale un valore "10".
2) Per ottenere il valore di x basta digitare il comando "print (x)" e premere "Invio".

Operazione:

x=10
print(x)

Output:

10

Come si può vedere, l'output dell'operazione realizzata tramite l'assegnazione del valore alla variabile x e la richiesta di "stampa" della variabile è proprio il valore assegnato alla variabile (in questo caso "10").

Le variabili possono anche contenere altri valori, come valori float, valori stringa ecc. Come mostrato nell'esempio seguente:

Esempio:

1) Per prima cosa prendi una variabile "a" e assegnale un valore "20.3".
2) Prendi un'altra variabile "b" e assegna un valore stringa a questa variabile, digita "Hello World".

3) Per stampare il risultato di "a" e "b", digitare "print (a, b)".
4) Per eseguire questo programma, premere "Enter".

Operazione:

a = 20.3
b = "Hello World"
print(a,b)

Output:

20.3 Hello World

Come puoi vedere è stato stampato l'output di entrambi i valori "a" e "b".

Le variabili possono anche essere dichiarate nuovamente in Python, il che significa che l'utente assegna loro nuovi valori e tali valori sovrascrivono i precedenti.

Esempio:

Nel caso in cui vogliamo modificare il valore di "x", tutto ciò che dobbiamo fare è,
1) Dichiarare "x" con il nuovo valore.
2) Scrivi "x =" John "".
3) Per stampare "x", digitare "print (x)".
4) Per l'output premere "Enter" per eseguire il programma.

Operazione:

x = "John"

print(x)

Output:

John

Come puoi vedere l'output, il nuovo valore è stato riportato.

Possiamo avere variabili globali o locali. Le variabili globali sono visibili in tutto il programma, mentre le variabili locali sono limitate alla classe o alla funzione a cui appartengono. Vedi l'esempio di seguito:

Esempio:

1) Prendi una variabile "c" e assegnale un valore, ad es. "Buongiorno".
2) Creare una funzione e scrivere "def func ():", all'interno di questa funzione, prendere la stessa variabile "c" e assegnarle un valore diverso come "John", quindi digitare "c =" John "", quindi digitare "print (c)".
3) Per eseguire la funzione, scrivere "func ()".
4) Per stampare digitare "print (c)" e premere "Enter" per eseguire.

Operazione:

c = "Buongiorno"
def func():
    c = "John"
    print(c)
func()
print(c)

Output:

John
Buongiorno

Come puoi vedere dall'output, la variabile locale "c" è tornata a "John", mentre la variabile globale "c" ha restituito "Buongiorno". Inoltre, abbiamo dichiarato il valore di "c" all'inizio e poi lo abbiamo stampato proprio alla fine di questo programma, questo perché le variabili globali sono visibili durante tutta la programmazione.

D'altra parte, quando rimuoviamo l'istruzione print (print (c)) e chiamiamo semplicemente la funzione, il valore della variabile globale non verrà stampato. Vedi esempio di seguito:

Esempio:

Scrivete l'operazione dell'esempio 1.4, rimuovete l'istruzione print (print (c)) e richiamate semplicemente la funzione, quindi premete "Invio" per vedere l'output.

Operazione:

```
c = "Buongiorno"
def func():
    c = "John"
    print(c)
func()
```

Output:
John

Quindi, come possiamo vedere, l'output è solo il valore della variabile locale stampato come risultato, e questa variabile locale non è visibile al di fuori della funzione.

3.2 - Introduzione al Data Type in Pyhton

Un "data type" (tipo di dato) è un tipo di elemento definito dal valore che contiene la variabile ad esso riferibile. Alcuni esempi di data type sono il tipo di dati Integer, il tipo di dati float, il tipo di dati doppio ecc.

I data type disponibili in Python sono:

Tipo di dati numerico

I numeri non sono altro che i tipi di dati numerici. Il tipo di dati numerici contiene valori numerici e può essere suddiviso in numeri interi, numeri decimali o complessi.

Esempio:

Prendiamo una variabile "x" e le assegniamo un valore, ad es. "19", poiché sappiamo che "19" è un numero intero, quindi "19" è un valore intero. Inoltre, possiamo assegnargli un valore negativo e per farlo scrivi "y uguale a "-4". Per ottenere l'output, come di consueto, digitare "print (type (x), type (y))" e quindi premere "Invio" per eseguire questo programma.

Operazione:

x = 19
y = -4

print(type(x),type(y))

Output:

<class 'int'> <class 'int'>

Come possiamo vedere dall'output, entrambe le variabili appartengono alla "classe intero".

Esempio:

I valori float contengono numeri decimali, quindi prenderemo una variabile "r" e le assegneremo dei valori decimali, ad esempio "45.6". Per ottenere l'output, scrivere "print (type (r))" e quindi premere "Enter" per eseguire il programma.

Operazione:

r = 45.6
print(type(r))

Output:

<class 'float'>

Puoi vedere l'output, dice che questa variabile appartiene alla "class float".

I numeri complessi vengono utilizzati per rappresentare valori immaginari. I valori immaginari sono indicati con "j" alla fine del numero. Si veda l'esempio di seguito:

Esempio:

Prendiamo una variabile "s" e assegniamo un valore come"10 + 6j"; facciamo questo per richiederne l'output (tramite il comando che ormai dovrebbe essere noto) e per scoprirne il tipo. Abbiamo ormai già imparato come fare: basta scrivere "print (type (s))" e quindi premere "Invio" per eseguire.

Operazione:

```
s = 10+6j
print(type(s))
```

Output:

<class 'complex'>

Il risultato della operazione precedente mostra che la tipologia di variabile dichiarata è un "complex number" (numero complesso).

Boolean Data Type

Il tipo di dati booleano è caratterizzato dalla possibilità di assumere soltanto uno fra i due valori: vero o falso.

Esempio:

Prendiamo una variabile "v" che è uguale a due valori di confronto, "2" maggiore di "6".
Per ottenere l'output e trovare il tipo di "v", scrivi "print (type (v))" e premi "Invio" per eseguire l'istruzione.

Operazione:

```
v = 2>6
print(type(v))
print(v)
```

Output:

<class 'bool'>
False

Come puoi vedere dall'output, la variabile appartiene alla "class bool" (classe booleana) e il valore è "false" (falso), perché evidentemente 2 non può essere valore di 6.

Strings (valore stringa)

Le stringhe (strings) in Python vengono utilizzate per rappresentare i valori dei caratteri Unicode. Python non ha un tipo di dati carattere. Anche un singolo carattere è considerato una stringa. I valori stringa in Python vengono dichiarati utilizzando virgolette singole o doppie.

Esempio:

Scriviamo "my_ string =" John "". Quindi, per ottenere l'output di "my_string", scriveremo "print (my_string)" e quindi premeremo "Invio" per eseguire il programma.

Operazione:

my_string = "John"
print(my_string)

Output:

John

Come vediamo l'output ha restituito il valore di "my_string".

È inoltre possibile accedere ai valori di una stringa utilizzando i valori dell'indice. Si veda l'esempio di seguito:

Esempio:

Per prima cosa, scriveremo "my_ string =" John "". Supponiamo di voler accedere a qualsiasi elemento presente in "John", per questo digiteremo "my_string" e il valore di indice della lettera che vogliamo recuperare; per ottenere l'output, digita "print (my_string [1]) e premi "Enter" per eseguire il programma.

Operazione:

my_string = "John"
print(my_string[1])

Output:

'o'

Come puoi osservare, il numero indice "1" della variabile è "o".

Possiamo anche fare uso di un valore Indice negativo, come mostrato nell'esempio di seguito:

Esempio:

Prima scrivi "my_ string =" John "" e poi "print (my_string [-2])". Per eseguire questo programma, premere "Invio".

Operazione:

my_string = "John"
print(my_string[-2])

Output:

'h'

Come si può osservare dall'output, al valore indice – 2 corrisponde la lettera "h", perché il programma va a leggere indicizzando la parola "John" da destra verso sinistra. Al valore -1 corrisponde la "n", al -2 la "h" e così via.

3.3 – Mutabilità delle variabili

In Python, i tipi di dati sono classificati come mutabili o immutabili. Un tipo di dato è considerato mutabile se è possibile modificare il valore di un oggetto dopo che è stato creato. Ad esempio, le liste e i dizionari sono tipi mutabili, il che significa che i loro elementi possono essere modificati. D'altro canto, i tipi immutabili, come numeri interi, float, stringhe e tuple, non possono essere modificati una volta creati. Capire questa differenza è cruciale per la gestione efficiente della memoria e per evitare errori di codice.

Esempi di mutabilità:

```
# Tipo mutabile

lista = [1, 2, 3]

lista[0] = 4

print(lista)  # Output: [4, 2, 3]


# Tipo immutabile

tupla = (1, 2, 3)

# tupla[0] = 4  # Questo genererà un errore poiché le tuple sono immutabili
```

3.4 – Tipi di dati composti avanzati

Oltre ai tipi di dati di base, Python fornisce anche tipi di dati composti più complessi, utili per la gestione di gruppi di dati:

- **Liste (list)**: Una sequenza ordinata e modificabile di elementi che permette la duplicazione degli stessi. Utilizzate per conservare una serie di elementi che possono essere alterati.
- **Tuple (tuple)**: Sequenze simili alle liste, ma che non possono essere modificate dopo la loro creazione. Utilizzate quando si vuole assicurare che i dati rimangano immutati.
- **Dizionari (dict)**: Strutture che contengono coppie chiave-valore, che sono mutabili. Utilizzati per memorizzare dati strutturati e consentire la ricerca di valori specifici attraverso le loro chiavi.
- **Insiemi (set)**: Una raccolta non ordinata di elementi unici. Sono utili per eliminare i duplicati e per eseguire operazioni matematiche come intersezioni e unioni.

Esempi di utilizzo:

```
# Lista
frutti = ["mela", "banana", "ciliegia"]
frutti.append("arancia")
print(frutti)  # Output: ['mela', 'banana', 'ciliegia', 'arancia']


# Dizionario
capitali = {"Italia": "Roma", "Francia": "Parigi", "Germania": "Berlino"}
print(capitali["Italia"])  # Output: Roma
```

```python
# Insieme
numeri = {1, 2, 3, 4, 5}
numeri.add(6)
print(numeri)  # Output: {1, 2, 3, 4, 5, 6}
```

3.5 – Conversioni di tipo (Type casting)

A volte è necessario convertire il tipo di una variabile in un altro. Questa operazione è nota come "type casting". Python offre diverse funzioni per convertire i dati tra vari tipi:

- int(): Converte un valore in un numero intero.
- float(): Converte un valore in un numero a virgola mobile.
- str(): Converte un valore in una stringa.

Esempi di conversione:

```python
# Convertire un intero in un float
x = 5
y = float(x)
print(y)  # Output: 5.0


# Convertire una stringa in un intero
s = "123"
```

```
n = int(s)
print(n)  # Output: 123
```

3.6 – Variabili locali e globali in dettaglio

In Python, una variabile può essere globale o locale. Le variabili globali sono accessibili in tutto il programma, mentre le variabili locali sono accessibili solo all'interno della funzione o del blocco in cui sono state dichiarate. È fondamentale capire come e quando usare le variabili globali e locali per evitare conflitti di nomi e gestire in modo efficace le risorse del programma.

Esempio:

```
x = "globale"

def funzione():
    global x
    x = "modificato"
    print(x)  # Output: modificato

funzione()
print(x)  # Output: modificato
```

3.7 – Documentazione e best practises

Quando scegli i nomi delle variabili, è importante seguire alcune buone pratiche:

- Usa nomi che descrivono chiaramente lo scopo della variabile.
- Segui la convenzione snake_case per le variabili e CamelCase per i nomi delle classi.
- Evita di usare parole riservate o parole chiave di Python come nomi per le variabili.
- Mantieni la coerenza nei nomi delle variabili per facilitare la lettura e la manutenzione del codice.

Esempio di nomi di variabili chiari:

nome_utente = "Mario"

numero_di_elementi = 5

3.8 – Variabili di tipo avanzato

Python supporta anche tipi di dati avanzati come frozenset, una versione immutabile degli insiemi, e byte per la gestione dei dati binari. Questi tipi di dati sono utilizzati in contesti più avanzati, come la manipolazione della memoria o il lavoro con flussi di dati binari.

Esempio di frozenset:

insieme_imm = frozenset([1, 2, 3, 4])

print(insieme_imm) # Output: frozenset({1, 2, 3, 4})

4 - FLUSSI DI CONTROLLO

Le istruzioni di un flusso di controllo fondamentalmente decidono l'ordine di esecuzione del programma, generalmente realizzato attraverso le istruzioni condizionali del ciclo e la chiamata di funzione di controllo.

I cicli (loops) ci consentono di eseguire più volte un gruppo di istruzioni. Supponiamo che uno sviluppatore di software richieda di fornire un modulo software per i dipendenti nel suo ufficio, per questo, deve stampare i dettagli del libro paga di ciascun dipendente separatamente; trovare i dettagli di tutti i dipendenti sarà un compito faticoso, al contrario potrà usare la logica per calcolare i dettagli e continuare a iterare sulla stessa istruzione logica facendo uso del ciclo for. Questo non solo gli farà risparmiare tempo, ma renderà anche il suo codice molto efficiente.

Dichiarazione di condizione in Python:

Prima di parlare delle dichiarazioni condizionali, parliamo di quali sono le condizioni. Le condizioni in Python sono tutte quelle che usiamo nelle istruzioni if e else.
Alcune delle condizioni in Python sono la condizione di uguale (==), non uguale a (! =), minore di (<), minore o uguale a (<=), maggiore di (>), maggiore o uguale a (> =).
Queste sono le principali condizioni che usiamo durante la dichiarazione di un'espressione di test per if e le istruzioni else in Python.

Dichiarazione If:
Un'istruzione if viene utilizzata per testare un'espressione ed eseguire determinate istruzioni di conseguenza. I programmi possono contenere una o più istruzioni if.

Dichiarazione Else:
L'affermazione successiva o penultima che segue è un'affermazione else. Il programma esegue un'istruzione nel caso in cui tutte le espressioni di test siano false.

Sintassi delle istruzioni condizionali:

Si inizia con if e si procede scrivendo la condizione

#syntax
if(test expression):
#statement when the condition is met

Ora siamo entrati nel corpo dell'istruzione if. Il corpo della condizione if conterrà tutte le istruzioni che verranno eseguite se la condizione è soddisfatta.
Nel caso in cui questo non sia vero e se il programma ha un'altra istruzione if da controllare si può usare l'istruzione else ... if, quindi per questa espressione si scriverà

#dichiarazione quando la condizione elif è identificata
elif(espressione del test):

semplicemente elif e all'interno di questa ci sarà anche l'espressione di prova.

In queste dichiarazioni quando la condizione elif è soddisfatta. Nel caso in cui entrambe queste condizioni non siano soddisfatte, significa che sono false. Quindi scriverò un'altra dichiarazione che è la dichiarazione finale.

else:
#dichiarazione finale

Esempio:

Prendiamo una variabile "x" e assegniamo un valore a questa come "12", scriviamo semplicemente "x = 12", quindi controlliamo se il valore di "x" diviso per "3" è uguale a "0" o no, per quella scrittura "if x% 3 == 0:" Per stamparlo, scrivi "print (" x è divisibile per 3 "). Successivamente, scriveremo "else:" e quindi "print (" x non è divisibile per 3 ")". Per eseguire il programma, premere "Enter".

Operazione:
x = 12
if x % 3 ==0:
    print("x is divisible by 3")
else:
    print("x is not divisible by 3")

Output:

x is divisible by 3

Se la condizione if è vera, allora l'output sarà "x è divisibile per 3". E se la condizione if non è vera, l'output sarà "x non è divisibile per 3". Poiché 12 notoriamente è divisibile per 3, l'output è quello indicato.

Esempio:

Nel caso in cui si voglia aggiungere un'istruzione elif, si potrà fare semplicemente l'aggiunta della stessa nell'ambito del programma. Quindi ad esempio scriveremo "elif x% 5 == 0:" e poi scriveremo "print (" x è divisibile per 5 ")", cambiando il valore di "x" con un numero che è divisibile per 5. A tal proposito, ad esempio, scriveremo "x = 10". Premiamo "Invio" per eseguire il programma.

Operazione:

```
x = 10
if x % 3 ==0:
   print("x è divisibile per 3")
elif x % 5 ==0:
   print("x è divisibile per 5")
else:
   print("x non è divisibile per 3")
```

Output:

x è divisibile per 5

Come puoi vedere dall'output, ho un risultato che conferma che "x" è divisibile per "5"

Esempio:

Nel caso in cui voglia prendere un numero che non è né divisibile per "3" o "5", per questo scriverò "x = 11" e cambierò il valore dell'istruzione else, quindi scriverò "print (" x non è divisibile per 3 o 5 ")". Per eseguire, premere "Invio".

Operazione:

```
x = 11
if x % 3 ==0:
   print("x è divisibile per 3")
elif x % 5 ==0:
   print("x è divisibile per 5")
else:
   print("x non è divisibile per 3 o 5")
```

Output:

x non è divisibile per 3 o 5

Come puoi vedere dall'output, il blocco else è stato eseguito, il che significa che la variabile "x" mantiene il valore di "11", dopodichè il programma controlla se la risultante di "x" diviso per "3" è uguale a "0". Sappiamo tutti che se dividiamo "11" per "3", non otterremo un numero intero, il che significa che il quoziente non sarà "0" e quindi "11" non è divisibile per "3". Quindi il programma entrerà nel blocco elif. Controllerà se "11" diviso "5" è uguale a "0" oppure no. Come tutti sappiamo "11" non è divisibile per "5" e quindi viene emesso anche il blocco elif. Alla fine, il programma entra nel blocco else e produce la dichiarazione finale.

Esempio:

Vogliamo controllare se un numero è primo o meno usando il blocco if ... else. Per far questo prendiamo una variabile, denominandola "a" e le assegniamo un valore pari a "10" (a = 10). Fatto ciò la prima cosa è controllare se "a" è maggiore di "1" oppure no, per cui scriviamo un'istruzione if (se a> 1 :).

 Se "a" è maggiore di "1" per tutti i valori che sono presenti dopo uno, controlleremo se "a% x" è uguale a "0" o meno, quindi scriviamo "per x nell'intervallo (2, a): Ciò significa che il programma partire da " 2 "e andrà avanti fino a" a ".

Nel caso in cui "a% x" che significa "a" diviso per "x", il valore di "x" inizierà da "2" e andrà avanti fino a "10" senza includere "10". Quindi, i valori di "x" inizieranno da "2" e proseguiranno fino a "9". Nel caso in cui "10" sia divisibile per qualsiasi numero presente tra "2" e "9", "a" non è un numero primo, quindi scriveremo "print ("non è un numero primo")". In questo modo, saremo in grado di verificare tutti i numeri che sono presenti tra "2" e "10".

Una volta fatto, interromperemo questo ciclo, quindi digiteremo semplicemente "break". Nel caso in cui questa condizione non sia soddisfatta, digiteremo "altro", dove riporteremo l'output che a è un numero primo, ora scriveremo "print ("è numero primo ").

Il ciclo if-else interno è completato, tornando ora verso l'istruzione if che controlla se "a" è maggiore di "1" o meno. Quindi, se "a" non è maggiore di "1", stamperemo semplicemente. Se il valore di "a" non è maggiore di "1", per questo basta scrivere "else:" e "print (" valore di a <= 1 ")". Siamo pronti per eseguire il programma.

Operazioni:

```
a = 10
if a>1:
   for x in range(2,a):
      if(a%x)==0:
         print("non è un numero primo")
         break
      else:
         print("è un numero primo")
else:
   print("valore di a <= 1")
```

Output:

Non è un numero primo

Come puoi vedere dall'output, quando eseguiamo un blocco di codice, otteniamo l'output come "non è un numero primo" che significa che "10" non è un numero primo.

Esempio:

Se si assegna un valore di "a" pari ad "1" e si esegue il programma vediamo cosa succede:

Operazione:

```
a = 1
if a>1:
```

```
  for x in range(2,a):
     if(a%x)==0:
        print("Non è un numero primo")
        break
     else:
        print("E' un numero primo")
else:
   print("valore di a <= 1")
```

Output:

Valore di a <= 1

Come puoi vedere l'output dice che il valore di "a" è minore o uguale a "1", il che significa che è stato eseguito il blocco else finale.

Esempio:

Proviamo ad assegnare un valore di "a" pari a "3".

Operazione:

```
a = 3
if a>1:
   for x in range(2,a):
      if(a%x)==0:
         print("Non è un numero primo")
         break
      else:
         print("E' un numero primo")
else:
   print("valore di a <= 1")
```

Output:

E' numero primo

Come possiamo vedere dall'output, quando abbiamo cambiato il valore in "3", l'output ci ha informato che "questo è un numero primo".

Scorciatoia if:

Se abbiamo una sola istruzione da eseguire o più istruzioni else, possiamo metterla sulla stessa riga usando la scorciatoia if.

Esempio:

Prendiamo due variabili "a" e "b" e dichiariamo "a" come "5" e "b" come "7". Quindi, usiamo l'istruzione if e scriviamo "if a <b" e procediamo come di consueto chiedendo l'output di questo programma. Nella notazione abbreviata, possiamo usare l'istruzione da eseguire se la condizione è soddisfatta. Quindi, all'interno della stessa riga, daremo solo uno spazio e poi scriveremo "if a <b: print (" a è minore di b ")", e premeremo "Invio" per eseguire.

Operazione:

a = 5
b = 7
if **a** < **b:** print("a è minore di b")

Output:

a è minore di b

Scorciatoria per Else:

Se abbiamo solo un'istruzione da eseguire o più istruzioni else, la si può mettere sulla stessa riga usando la scorciatoia if.

Esempio:

Scrivere (dopo aver dichiarato le variabili a e b) come nell'esempio precedente, print("a è minore di b") If a < b else print("a è maggiore di b"). A questo punto, eseguire il programma.

Operazione:

print("a is less than b") **if** a<b **else** print("a is greater than b")

Output:

A è minore di b

Come si può notare dall'output ottenuto, il blocco "if" è stato correttamente eseguito.

4.1 Ciclo "For"

Un ciclo for viene utilizzato per eseguire le istruzioni una volta per ogni elemento nella sequenza. La sequenza può essere qualsiasi cosa come una lista, un dizionario, un insieme o una stringa. Il ciclo for fondamentalmente ha due parti, viene specificato il blocco per l'istruzione di iterazione e poi c'è un corpo che viene eseguito una volta per ogni iterazione. In un ciclo for, dobbiamo effettivamente specificare il numero di iterazioni che devono essere eseguite.

A differenza di altri linguaggi di programmazione, il ciclo for in Python è un ciclo for in. Per ogni variabile iteratore presente in questa sequenza, possiamo eseguire una singola o più istruzioni.

Sintassi del ciclo for:

for valore della variabile in ciclo:
       dichiarazione

4.2 - Iteratori

Un iteratore Python è un vettore con un numero variabile di valori. I valori in un contenitore possono essere "letti" dal software utilizzando gli iteratori dei cicli.

Esempio:

Prendiamo una lista come un iteratore e scriviamo "my_list" e diamo alcuni valori casuali, come

"[2,1,32,5,12]". Quindi, attiviamo il for, e per farlo scriviamo "for x in my_list:" che significa che, per ogni elemento che è presente nella nostra lista attiveremo un ciclo. Per ottenere in output ogni elemento, scriveremo "print (x)" e poi premeremo "Enter" per eseguire il programma.

Operazione:
my_list = [2,1,32,5,12]
for x in my_list:
   print(x)

Output:

2
1
32
5
12

Esempio:

Per prima cosa scriverò "my_str ="Hello World! "", Quindi scriverò "for x in my_str:" che significa, per ogni elemento presente nella mia stringa. Per stampare quell'elemento, scriverò "print (x)" e quindi premerò "Invio" per eseguire il programma.

Operazione:

my_str= "Hello World!"
for x in my_str:
   print(x)

Output:
H
e
l
l
o

W
o
r
l
d
!

Tutti gli elementi presenti in "my_str" sono stati restituiti.

Se vogliamo recuperare un elemento specifico, possiamo fare uso dei valori di indice, ad esempio: non vogliamo restituire tutti i valori, ma vogliamo solo restituire il valore presente in un numero di indice, supponiamo il numero "1", come mostrato di seguito.

Esempio:

Digita "my_str =" Hello World! "". Se vogliamo restituire il valore che è presente in "my_string", possiamo scrivere "for x in my_str [1]:" e poi digitare "print (x)". Proviamo quindi ad eseguire il programma.

Operazione:

my_str= "Hello World!"
for x in my_str[1]:

```
print(x)
```

Output:

e

Come vediamo l'output, il numero di indice "1" corrisponde in questo caso alla lettera "e".

Esempio:

Nel caso volessimo stampare selettivamente una sezione dei valori presenti in "my_str", possiamo usare il ciclo for e quindi selezionare i valori che vogliamo da "my_str"; per fare questo scriveremo "my_str =" Hello Mondo!"". Per stampare tutti i valori da "0" a "3", scriveremo "for x in my_str [0: 3]:", dopodichè digiteremo "print (x)" e premeremo "Invio" per eseguire il programma.

Operazione:

```
my_str= "Hello World!"
for x in my_str[0:3]:
    print(x)
```

Output:

H
e
l

Come vediamo dall'output, procedendo tramite un semplice ciclo for otteniamo le lettere dal numero indice "0" al numero indice "3". Da notare che il ciclo parte dal valore 0 ma non comprende anche il valore 3.

Esempio:

Proviamo ora a stampare tutti i valori che sono presenti dopo l'indice numero "3", utilizzando sempre una variabile "my_str". Per questo scriveremo "my_str =" Hello World """. Quindi, per stampare tutti i valori che sono presenti dopo l'indice numero "3", scriveremo "for x in my_str [3:]:" e poi scriveremo "print (x)". Per eseguire il programma, premeremo "Enter".

Operazione:

```
my_str= "Hello World!"
for x in my_str[3:]:
    print(x)
```

Output:

l
o

W
o
r
l
d
!

Come vediamo dall'output, non abbiamo dato alcun valore dopo i due punti (:), ciò equivale a dare un ordine di stampa di tutti i valori che sono presenti dopo "3".

Esempio:

Si possono utilizzare anche indici negativi, per questo ad esempio scriveremo "my_str =" Hello World! "". Quindi, volendo stampare il valore che è presente in "-3", scriveremo "for x in my_str [-3]:". Per stampare, scriveremo "print (x)" e premeremo "Invio" per eseguire il programma.

Operazione:

my_str= "Hello World!"
for x **in** my_str[-3]:
    print(x)

Output:

l

Quindi, l'elemento che è presente in "-3" è "l", questo perché il carattere speciale (!) È presente in "-1", 'd "è presente in" -2 "e" l "è presente al valore indice "- 3".

4.3 - Ciclo While

Il ciclo while esegue l'insieme di istruzioni fintanto che la condizione è vera. Consiste in un blocco di condizioni e, nel corpo, in una serie di affermazioni. Allo stesso modo, si può dire, sembrerà banale, che il ciclo while continua a essere eseguito finché la condizione non diventa falsa. Se l'utente desidera utilizzare un ciclo while, dovrà tenere a mente tre cose. La prima cosa è inizializzare un iteratore. Il secondo è specificare la condizione. Il terzo è incrementare l'iteratore: in assenza dell'incremento dell'iteratore, il ciclo while andrà avanti all'infinito.

Sintassi del ciclo While:

while(expression):
   dichiarazione

Esempio:

Prendiamo un iteratore "i" e iniziamo "i" assegnandogli il valore "0". In secondo luogo per specificare la condizione, quindi attiviamo il ciclo while e specifichiamo la condizione "while i <4:". Per stampare il valore di "i", scriviamo "print (i)". L'ultima parte del nostro programma servirà ad incrementare, ad ogni stampa di "i", il valore assunto dall'iteratore. Se non si incrementa l'iteratore, il ciclo while continuerà a stampare il valore di "i", rimasto fisso, un numero infinito di volte. Per incrementare l'iteratore scriviamo quindi "i + = 1". Ciò equivale a incrementate il valore di "i" di "1" ogni volta. Premiamo ora il tasto "Invio" per eseguire il programma.

Operazione:

```
i = 0
while i<4:
    print(i)
    i +=1
```

Output:

0
1
2
3

Come vediamo dall'output, viene stampato il valore di "i" fino a quando non è inferiore a "4". Pertanto, il valore iniziale di "i" è "0" e anche il primo valore nell'uscita è "0".

Il secondo valore verrà preso incrementando il valore dell'iteratore di "1". Pertanto, "i" diventa "1" e poiché "i" è ancora inferiore a "4", il programma continua a stampare "i".

Se incrementiamo di nuovo il valore di "i" di "1", che è "1 + 1", vale a dire "2", evidentemente osserviamo che "2" è ancora minore di "4", quindi il programma stamperà "2". Dopodiché, il software aggiungerà nuovamente "1" a "i", che nel frattempo ha assunto il valore di "2" e che, tramite la somma di "1", diventerà pari a "3". Il valore di "3" è ancora inferiore a "4", quindi il programma stamperà "3". Ora, l'iteratore sarà ancora incrementato di 1, ma i a questo punto arriverà al valore di "4". Poiché la condizione cui è sottoposto il ciclo while è che i sia minore di "4", il ciclo a questo punto si interromperà e non saranno stampati altri valori.

4.4 - Dichiarazioni del ciclo di controllo:

Le istruzioni di controllo del ciclo vengono utilizzate per controllare il flusso del ciclo o per alterare l'esecuzione in base a poche condizioni specificate. In Python, abbiamo break, continue e pass come istruzioni di controllo del ciclo.

4.5 - Dichiarazione Break

L'istruzione break viene utilizzata per terminare l'esecuzione di un ciclo che la contiene. Non appena il ciclo incontra l'istruzione break, il ciclo termina e l'esecuzione viene trasferita all'istruzione successiva.

Esempio:

Digita "for x in" John ". Se" x "è uguale a" h ", interrompi il ciclo, il che significa che quando incontriamo" r ", vogliamo interrompere il ciclo e non vogliamo continuare il ciclo per il resto degli elementi; scriveremo quindi "print (x)" e infine "print (" loop has ended ")".

Operazione:

```
for x in "John":
   if x == "h":
      break
   print(x)
```

print("loop has ended")

Output:

J
o
loop has ended

L'output mostra e restituisce gli elementi che sono presenti prima di "h", il che significa che una volta restituito "Jo" e trovato il carattere "h" il ciclo è terminato.

4.6 - Dichiarazione di continuazione

L'istruzione continue viene utilizzata per saltare il resto del codice nel ciclo per l'iterazione corrente. L'istruzione continue non termina il ciclo come l'istruzione break e continua con le iterazioni rimanenti. Quindi, in pratica, quando si incontra un'istruzione continue, si salta solo il ciclo rimanente dell'iterazione. Vediamo l'esempio di seguito, finalizzato a chiarire il senso dell'espressione precedentemente enunciata.

Esempio:

Operazione:

```
for x in "John":
   if x == "h":
      continue
   print(x)
print("loop has ended")
```

Output:

J
o
n
loop has ended

L'output mostra che, quando si incontra "h", il valore viene saltato, il che significa che quando si incontra "h", l'istruzione print non viene eseguita.

4.7 - Dichiarazione Pass

L'istruzione pass è un'operazione nulla. Fondamentalmente significa che l'istruzione è richiesta sintatticamente ma non si desidera eseguire alcun comando di codice. Vediamo un esempio di utilizzo di seguito.

Esempio:

Operazione:

```
for x in "John":
   if x == "h":
      pass
      print("pass executed")
   print(x)
print("loop has ended")
```

Output:

j
o
pass executed
n
loop has ended

vediamo come output, quando si incontra "h", viene eseguita l'istruzione print (print ("passaggio eseguito")) e quindi il ciclo continua.

4.8 - Cicli indentati

Python ci consente anche di utilizzare un ciclo all'interno di un altro. Puoi usare un ciclo for all'interno del ciclo while e anche un ciclo while all'interno di un ciclo for.

Esempio:

Creiamo un ciclo x nell'intervallo (1,10) e quindi creiamo un ciclo y all'interno del ciclo x. Vediamo cosa fare di seguito.

Operazione:

```
for x in range(1,10):
   for y in range(x):
      print(x)
```

Output:

1
2
2

3
3
3
4
4
4
4
5
5
5
5
5
.
.
.
.
.

Come mostra l'output, per tutti i valori che sono presenti tra "1" e "10", ogni volta che prendiamo il valore e in quell'intervallo stampiamo il valore, prima abbiamo preso "x" come "1", quindi per "1" nell'intervallo di "1" e scriviamo print "1", quindi "1" viene stampato una sola volta.
Seconda iterazione, abbiamo il valore di "x" come "2", quindi "2" nell'intervallo di "2" e stampiamo "2", il che significa che stampiamo "2" due volte.

Invece di terminare questa istruzione print senza il carattere di riga successivo, useremo il parametro end come uno spazio e scriveremo "print (x, end =" ")", come mostrato di seguito;

Esempio:

Operazione:

```
for x in range(1,10):
   for y in range(x):
      print(x, end=" ")
```

Output:

1 2 2 3 3 3 4 4 4 4 5 5 5 5 5 6 6 6 6 6 6 7 7 7 7 7 7 7 8 8 8 8 8 8 8 8 9 9 9 9 9 9 9 9 9

Vediamo l'output: tutti i valori sono stati eseguiti nella stessa riga.

Dal momento che l'output non sembra formattato, aggiungeremo un'altra istruzione print, per creare un output di bell'aspetto.

Esempio:

Operazione:

```
for x in range(1,10):
   for y in range(x):
      print(x, end=" ")
   print()
```

Output:

1
2 2
3 3 3
4 4 4 4
5 5 5 5 5
6 6 6 6 6 6
7 7 7 7 7 7 7
8 8 8 8 8 8 8 8
9 9 9 9 9 9 9 9 9

Come possiamo vedere è stata create una piramide di numeri.

4.9 - Ciclo While annidato

Esempio:

Prendiamo una variabile "a" e assegniamole un elenco di valori, ad es. "[1,2,3,4,5]".
Quindi, mentre "a" è vera, imposteremo un comando di stampa di "a". Per stampare "a", scriveremo "print (a.pop (-1))". Prenderemo poi un'altra variabile all'interno di questo ciclo while e scriveremo che "b" è uguale ad un elenco di stringhe, ad es. "B = [" ---------- "]". Imposteremo pertanto un altro ciclo while e scriveremo "while b:", che significa che mentre "b" è vero si dovrà stampare "b", ad es. "Print (b.pop (0))". Per eseguire il programma, premeremo "Enter".

Operazione:

```
a = [1,2,3,4,5]
while a:
   print(a.pop(-1))
   b = ["----------"]
   while b:
      print(b.pop(0))
```

Output:

5

4

3

2

1

L'output ci mostra che entrambi i cicli sono stati eseguiti.

4.10 - Serie di Fibonacci

Esempio:

Proviamo ad usare la serie di Fibonacci sia per il ciclo for che per il ciclo while. Per prima cosa definiremo la funzione di Fibonacci, scrivendo semplicemente "def fib ():", quindi assegniamo il valore del primo e del secondo indice come "0" come "1" e scriviamo "f, s = 0,1". Mentre ciò è vero, ad esempio utilizzando un ciclo "While True:", restituiremo il valore di "f" e scriveremo "yield f".

Una volta che il valore di "f" è stato restituito, il che significa che se il primo valore è stato restituito, allora dovremo cambiare il valore del primo indice, ad es. "F, s = s, f + s", applicando nei fatti quanto appreso in termini di iteratori.

Riprendiamo quindi il ciclo for, per ogni elemento generato dalla funzione, ad es. "For x in fib ():". Nel caso in cui il valore di "x" sia inferiore a "50", ad es. "If x> 50:", il nostro programma dovrà riportare il valore, concatenandolo con un carattere "spazio", ovvero "Print (x, end =" "). Nel caso in cui il valore di "x" diventi maggiore di "50", tutto quello che dovremo fare è interrompere il ciclo, per cui utilizzeremo una scrittura di tipo "break". Si osservino l'operazione e l'output di seguito:

Operazione:

```
def fib():
   f, s=0,1
   while True:
      yield f
      f,s=s,f+s
for x in fib():
   if x>50:
      break
   print(x, end=" ")
```

Output:

0 1 1 2 3 5 8 13 21 34

L'output evidenzia una serie di Fibonacci.

5 - FUNZIONI

Le funzioni vengono utilizzate per gestire alcuni input ed ottenere un dato output in un programma per computer. I linguaggi di programmazione sono progettati per funzionare sui dati. Le funzioni sono un modo efficace per gestire e trasformare i dati.

Quindi, fondamentalmente, le funzioni non sono altro che attività, che l'utente desidera eseguire ripetutamente, definendolo una sola volta con un nome: l'utente sarà in grado di utilizzare la funzione in qualsiasi punto di un programma. Questo non solo riduce la dimensione del codice, ma aiuta anche nel debug.

Le funzioni in Python sono un classico esempio di totale riusabilità. Quindi, per servire una vasta gamma di applicazioni dalla GUI e dall'Informatica matematica allo sviluppo web e al test, l'interprete Python è già dotato di numerose funzioni che sono sempre disponibili per l'uso. Inoltre, è possibile aggiungere al programma librerie o moduli che contengono funzioni predefinite prontamente e disponibili quindi per l'uso.

Tipi di funzioni:

- Funzioni Built-in
- Funzioni Lambda
- Funzioni definite dall'utente (User-defined)

5.1 - Funzioni Built-in

Le funzioni incorporate sono funzioni fornite dall'interprete Python, alcuni esempi sono la funzione di stampa, la funzione somma, le funzioni min-max ecc.

5.2 - Funzione Print

La funzione stampa (Print) in Python è una funzione standard utilizzata per produrre un output di un programma

Sintassi della funzione Print:
Per mostrarti la sintassi della funzione di stampa. Userò la funzione di aiuto, quindi scriverò "aiuto (stampa)" e poi premerò invio.

Operazione:

help(print)

Output:
Help on built-in function print in module builtins:

print(...)
    print(value, ..., sep=' ', end='\n', file=sys.stdout, flush=False)

    Prints the values to a stream, or to sys.stdout by default.
    Optional keyword arguments:
    file: a file-like object (stream); defaults to the current sys.stdout.
    sep: string inserted between values, default a space.

end: string appended after the last value, default a newline.
flush: whether to forcibly flush the stream.

L'output mostra che la funzione di stampa accetta una serie di parametri.

Value: Il valore è un dato o un parametron che deve essere impostato affinchè un programma o una funzione si attiviti correttamente

Separatore: Un separatore (sep = "") deciderà in che modo i valori vengono separati l'uno dall'altro.
Il parametro end (end = '\ n') viene utilizzato per specificare cosa deve essere stampato alla fine dell'output, il valore predefinito per il parametro end è "\ n" che significa riga successiva.

File Parametro: Questo è un parametro opzionale. Il valore predefinito del parametro file è "sys.stdout".

Flush: Flush è un parametro opzionale utilizzato per specificare se l'output deve essere scaricato o deve essere bufferizzato. Se l'output deve essere scaricato, il valore booleano sarà "true" e nel caso in cui sia bufferizzato, il valore booleano sarà "false". Il valore predefinito per questo parametro è "false".

Parliamo di value, separatore, file parametro e flush con alcuni esempi di seguito.

Esempio:

Per prima cosa produciamo la stampa di "hello World!", Scriviamo "print (" Hello World! "). Quindi, prendiamo la stessa funzione e utilizziamola per stampare due stringhe diverse, ad esempio scriviamo " print ("Hello", "World!") ". Possiamo anche aggiungere un segno più tra queste due stringhe, ad es. "Print (" Hello "+" World! "). Per eseguire il programma, premiamo "Shift + Enter".

Operazione:

print("Hello World!")
print("Hello","World!")
print("Hello"+"World!")

Output:

Hello World!
Hello World!
HelloWorld!

L'output mostra che la prima istruzione sta stampando " Hello World!" così com'è.

Nella seconda dichiarazione, abbiamo stampato il messaggio " Hello World!" con due stringhe differenti. Nella terza istruzione, si è utilizzato un operatore "+", ottenendo il risultato della concatenazione tra le stringhe.

Esempio:

Possiamo anche aggiungere valori numerici, per Esempio: "2020" e quindi eseguire il programma.

Operazione:

print("Hello World!")
print("Hello","World!")
print("Hello"+"World!",2020)

Output:

Hello World!
Hello World!
HelloWorld! 2020
Esempio:

Per usare il separatore basta scrivere "print (" Hello "," World! ")". Invece di separarli con uno spazio, li separeremo utilizzando il valore di una variabile "sep =" - "" e quindi premeremo "Invio" per eseguire il programma.

Operazione:

print("Hello","World!", sep="-")

Output:

Hello-World!

Come si vede nell'output, invece di un carattere spazio, si ha un "-".

Esempio:

Operazione:

print("Hello","World!", sep="-", end="----------------")

print("Hello World John")

Output:

Hello-World!-----------------Hello World John

Come possiamo vedere l'output, gli output di entrambe le istruzioni print sono stati stampati sulla stessa riga, ma sono separati da una linea tratteggiata.

5.3 - Funzioni Min() e Max()

Le funzioni Min() e Max() sono Built-in Functions di Python (sono cioè funzioni "incorporate" nel codice Python, originarie di tale codice)

Esempio:

Nel caso in cui abbiamo una lista di valori, per Esempio "a = [1,2,3,4,5,6,7]" e vogliamo trovare il valore minimo e massimo, possiamo usare le funzioni Min () e Max ( ). Chiediamo al codice di stampare il minimo di "a", con il comando"print (min (a))" e poi il massimo di "a", con il comando "print (max (a))", quindi premeremo "Invio" per eseguire il programma.

Operazione:

a=[1,2,3,4,5,6,7]
print(min(a))
print(max(a))

Output:

1
7

Il risultato delle suddette Operazioni mostra che il valore minimo presente in "a" è "1" e il valore massimo presente in "a" è "7".

5.4 - Funzione Somma

La funzione somma restituisce come risultato la somma di tutti I parametri inseriti.
Esempio:

Nel caso in cui abbiamo un elenco di valori, ad es. "A = [1,2,3,4,5,6,7]" e vogliamo sommare tutti i valori, basta scrivere "print (sum (a)). Premendo " Invio " eseguiremo il programma

Operazione:

a=[1,2,3,4,5,6,7]
print(sum(a))

Output:

28

Come vediamo l'output, ha riassunto tutti i valori presenti in "a" e ha restituito il valore come "28".

Sintassi della funzione somma:

Per mostrare la sintassi della funzione Sum, scrivi "help (sum)" e quindi premi "Invio" per eseguirla.

Operazione:

help(sum)

Output:

Help on built-in function sum in module builtins:

sum(iterable, start=0, /)
Return the sum of a 'start' value (default: 0) plus an iterable of numbers

When the iterable is empty, return the start value.
This function is intended specifically for use with numeric values and may reject no-numeric types.

L'output mostra che la funzione sum ha due parametri, che sono gli iterabili e l'inizio. Il primo parametro è la somma degli iterabili il cui valore deve essere sommato. Il secondo parametro è il parametro di inizio, che di default è "0", il che significa che la somma di tutti gli iterabili deve essere aggiunta a "0", quindi sarà "0 + somma di tutti gli iterabili".

Esempio:

Per scoprirlo, prendiamo un elenco di valori, ad es. "A = [1,2,3,4,5,6,7]" e poi scrivi "print (sum (a, 10))". Per eseguire il programma, premere "Enter".

Operazione:

a=[1,2,3,4,5,6,7]
print(sum(a,10))

Output:

38

Come vediamo l'output, ha restituito "38", che è "28 + 10".

5.5 - Funzioni Lambda

Le funzioni Lambda sono funzioni che non hanno alcun nome. Sono anche conosciute come funzioni anonime o senza nome. La parola Lambda non è un nome, ma in realtà è una parola chiave. Questa parola chiave specifica che la funzione che segue è anonima. Una funzione Lambda viene creata utilizzando l'operatore Lambda.

Sintassi della funzione lambda:

 # Parola chiave Lambda seguita dagli argomenti e quindi dall'espressione
Argomenti lambda: espressione

Argomenti: Gli argomenti sono variabili utilizzate con questa funzione Lambda.

Espressione: L'espressione è un'espressione matematica che deciderà l'output.

Le funzioni Lambda possono accettare un numero qualsiasi di argomenti ma possono accettare solo un'espressione. Gli argomenti possono essere in numero qualsiasi, a partire da "0" e non esiste un limite superiore, proprio come qualsiasi altra funzione. Va benissimo avere funzioni Lambda senza input.

Come funziona la funzione lambda? Vedi l'esempio sotto.

Esempio:

Prendiamo una variabile "a" e utilizziamo la funzione Lambda. Utilizziamo un argomento e scriviamo Lambda "x" return "x * x", ad es. "A = lambda x: x * x" e poi scriviamo "print (a (3))" che significa stampa "a" (funzione lambda) con valore x=3.

Operazione:

#lambda arguments: expression
a = **lambda** x: x*x
print(a(3))

Output:

9

Abbiamo l'output per "x * x" quando "a" è "3" e quindi l'output è "9".

Per un esempio di funzione Lambda con due argomenti proviamo a vedere l'esempio di cui sotto.

Esempio:

Scriviamo "b = lambda x, y: x + y" e poi ancora scriviamo "print (b (1,2))". Per eseguire il programma premere "Enter".

Operazione:

```
#lambda arguments: expression
b = lambda x,y: x+y
print(b(1,2))
```

Output:

3

Abbiamo trovato il risultato per "x + y" che è "1 + 2", pari dunque a "3". Notare che entrambe le funzioni hanno un'unica espressione.

5.6 - Funzioni definite dall'utente

Le funzioni che definiamo noi stessi in un programma per realizzare alcuni compiti sono indicate come funzioni definite dall'utente (User-defined Functions)

Sintassi della funzione definita dall'utente:

La sintassi della funzione definita dall'utente sarà la parola chiave "def" seguita dal nome della funzione e quindi dagli argomenti. L'utente può impostare un numero qualsiasi di argomenti.

Per esempio: "def name_func (arguments1, ……….)" e poi può essere creato il corpo di questa funzione. Il corpo di questa funzione può avere un numero qualsiasi di istruzioni, quindi ad esempio

def name_func(arguments1,...):
   statement1
   statement2
    .
    .
    .

"statement 1", "statement2" etc.

Come si può vedere dall'output, la prima cosa che occorre fare per strutturare una funzione è utilizzare la parola chiave "def": questa parola chiave indicherà a Python che

effettivamente l'utente ha intenzione di definire una funzione.
Il prossimo passo sarà la definizione del nome della funzione. Fatto ciò, dovremo passare gli argomenti della nostra funzione: questi possono essere un numero qualsiasi di argomenti a partire da "0". Il corpo della funzione può contenere un numero qualsiasi di istruzioni.

Per creare una funzione e aggiungere due argomenti, abbiamo riportato un esempio di seguito.

Esempio:

Vogliamo creare una funzione che realizzi una somma tra due addendi. Scriviamo "def add ()" e specifichiamo gli argomenti come "x" e "y". Quindi, scriviamo "sum = x + y" e vorremo ottenere la restituzione del valore di somma. Ora, dovremo richiamare la funzione add e passare i valori di "x" e "Y". Per far ciò quindi scriveremo "add (2,4)" e quindi premeremo "Invio" per eseguire il programma.

Operazione:

```
def add(x,y):
    sum=x+y
    return sum
print(add(2,4))
```

Output:

6

Come vediamo l'output, abbiamo "2 + 4", equivalente come ovvio al risultato di "6".

Proviamo ora ad utilizzare la funzione Lambda all'interno di una funzione definita dall'utente: vediamo l'esempio di seguito.

Esempio:

Per prima cosa definiamo una funzione, scriveremo "new_func" e daremo solo un parametro come "x", ad es. "Def new_func (x):". Ora, questa funzione restituirà solo un'istruzione, ovvero la funzione Lambda, gli argomenti per questa funzione saranno "y" e specificheremo l'espressione come "x * y". Ad esempio "return (lambda y: x * y) ". Quindi, utilizzeremo una nuova variabile "t" e ora richiameremo la funzione definita dall'utente, che è "new_func", ad esempio "t = new_func (3)".
Per stampare il risultato, scriveremo "print (t (5))" e quindi premeremo "Invio" per eseguire il programma.

Operazione:

```
def new_func(x):
    return(lambda y: x*y)
t=new_func(3)
print(t(5))
```

Output:

15

Come possiamo vedere l'output è 15, il che significa che "new_func" accetta un parametro come "3", quindi "x" è "3" e "y" è "5". Perché "3" è assegnato a "x" e "5" è assegnato a "y"? Questo perché abbiamo specificato "3" come parametro di "new_function", quindi all'interno di questa funzione abbiamo fatto uso della funzione Lambda che accetta un parametro. Pertanto, a quel parametro viene fornito il valore "5".

6 - STRUTTURE DI DATI

Le strutture dati ci consentono di organizzare i nostri dati in modo tale da consentirci di memorizzare raccolte di dati relazionati ed eseguire operazioni o di conseguenza. Python ha un supporto implicito per le strutture dati, che ci consente di archiviare ed accedere ai dati. Queste strutture dati speciali di Python sono liste, dizionari, tuple e insiemi. Python consente ai suoi utenti di creare anche le proprie strutture di dati.

6.1 - Strutture dati integrate di Python

Liste:

Gli elenchi vengono utilizzati per memorizzare diversi tipi di dati in modo sequenziale. Ci sono indirizzi assegnati a ogni elemento di un elenco. L'insieme di tali indirizzi è chiamato indice. Il valore dell'indice parte da "0" e prosegue fino a quando l'ultimo elemento viene definito (con un valore positivo).

L'indice negativo parte invece da "-1". Pertanto, l'indice positivo parte dal lato sinistro e si sposta verso il lato destro. Mentre l'indicizzazione negativa inizia dal lato destro e si sposta verso il lato sinistro.

Creare liste in Python:

Per creare un elenco in Python, possiamo usare le parentesi quadre ([]) e aggiungere gli elementi di conseguenza. Nel caso in cui non passiamo alcun valore, l'elenco sarà vuoto.

Esempio:

Creiamo una "new-list" e assegniamo ad essa dei valori casuali, per Esempio: [1,2,3,4,5,6,7]. Ora, creiamo un altro elenco e scriviamo "my_list", senza assegnare ad esso alcun valore. Per stampare, scriviamo "print (new_list)" e poi "print (my_list)". Per eseguire il programma premiamo invio.

Operazione:

new_list = [1,2,3,4,5,6,7]
my_list = []
print(new_list)
print(my_list)

Output:

[1, 2, 3, 4, 5, 6, 7]
[]

L'output di "new_list" contiene un elenco di elementi che vanno da "1" a "7", mentre l'output di "my_list" è vuoto.

Per utilizzare la funzione list e creare una lista nella programmazione Python proviamo a vedere l'esempio di seguito.

Esempio:

Prendiamo una variabile "a = list ([])" che significa che la variabile "a" è assegnata a un elenco vuoto e quindi stampiamo "a", scriviamo "print (a)" e quindi premiamo "Invio" per eseguire il programma .

Operazione:

a = list([])
print(a)

Output:

[]

L'output mostra un risultato vuoto perché abbiamo creato una lista vuota, facendo uso della funzione list.

Poiché gli elenchi sono modificabili, possiamo aggiungere valori o eliminare valori dagli elenchi. Per aggiungere elementi a un elenco, possiamo utilizzare le funzioni Append, Extend o Insert.

Funzione di aggiunta: la funzione di aggiunta può essere utilizzata per aggiungere un singolo elemento all'elenco.

Esempio:

Prendiamo una variabile "a" e assegniamo una variabile "a" a un elenco vuoto, quindi scriviamo "a.append" e specifichiamo un valore "3" a "a.append". Per stampare, scrivere "print (a)" e quindi premere "Invio" per eseguire il programma.

Operazione:

a = list([])
a.append(3)
print(a)

Output

[3]

L'output mostra [3] come risultato: utilizzando la funzione di aggiunta, è stato aggiunto "3" alla lista di accodamento.

Funzione di estensione: la funzione di estensione aggiungerà un numero di elementi uno dopo l'altro all'elenco.

Funzione di inserimento: La funzione di inserimento d'altra parte inserirà un elemento in un valore di indice specificato nell'elenco.

Per usare le funzioni di Estensione e di Inserimento in Python, vedere l'esempio di seguito:

Esempio:

1. Digita "new_list" e assegnagli alcuni valori casuali, ad es. (1,2,3,4,5,6,7).
2. Aggiungi la funzione di estensione, scrivi "new_list. extend (9,10).
3. Aggiungere la funzione di inserimento, digitare "new_list.insert (2," John ").
4. Per stampare scrivi "print (new_list)"
5. Premere "Invio" per eseguire il programma.

Operazione:

new_list = [1,2,3,4,5,6,7]
new_list.extend([9,10])

```
new_list.insert(2, "John")
print(new_list)
```

Output

[1, 2, 'John', 3, 4, 5, 6, 7, 9, 10]

Quindi come possiamo vedere "9" e "10" sono stati aggiunti alla fine del risultato e "John" è stato inserito al numero di indice "2". Quindi "1" è al numero di indice "0", "2" al numero di indice "1" e "John!" è presente al numero di indice "2".

Si trattava di aggiungere elementi a un elenco. Gli elementi possono anche essere eliminati da un elenco. Nel caso in cui desideriamo eliminare elementi da un elenco, possiamo utilizzare la funzione pop, la funzione remove o la parola chiave delete. Vedere a tal proposito gli esempi di seguito.

Esempio:

1) Digita "new_list" e assegnagli alcuni valori casuali, ad es. [1,2,3,4,5,6,7].
2) Per eliminare il valore da "new_list", digitare "new_list.pop (2)".
3) Per stampare, digitare "print (new_list)".
4) Per eseguire il programma, digitare "Enter".

Operazione:

```
new_list = [1,2,3,4,5,6,7]
new_list.pop(2)
print(new_list)
```

Output

[1, 2, 4, 5, 6, 7]

Come puoi vedere dall'output, poiché sappiamo che il numero di indice considera e conta la prima cifra come "0", il valore che è presente al numero di indice "2", che è 3, è stato rimosso dalla "new list".

Se vogliamo rimuovere il valore, possiamo utilizzare la funzione di rimozione. In questa funzione, dobbiamo specificare il valore da rimuovere al posto del numero di indice. Vedi l'esempio di cui sotto.

Esempio:

1) Digita "new_list" e assegnagli alcuni valori casuali, ad es. [1,2,3,4,5,6,7,8,9,10].

2) Digita "new_list.remove" e specificare il valore come "10",

3) Per stampare, digitare "print (new_list)".

4) Per eseguire il programma, digitare "Enter".

Operazione:

new_list = [1,2,3,4,5,6,7,8,9,10]
new_list.remove(10)
print(new_list)

Output

[1, 2, 3, 4, 5, 6, 7, 8, 9]

Allo stesso modo, se utilizziamo la parola chiave "del", possiamo eliminare alcuni elementi presenti in un determinato numero di indice. Vedere l'esempio di seguito:

Esempio:

1) Digita "new_list" e assegnagli alcuni valori casuali, ad es. [1,2,3,4,5,6,7,8,9,10)]
2) Per eliminare l'elemento presente nella "new_list", digitare "del new_list [5]"
3) Per stampare, digitare "print (new_list)".
4) Per eseguire il programma, digitare "Enter".

Operazione:

new_list = [1,2,3,4,5,6,7,8,9,10]
del new_list[5]
print(new_list)

Output

[1, 2, 3, 4, 6 ,7, 8, 9, 10]

Come puoi vedere dall'output, sappiamo che il numero di indice considera e conta la prima cifra come "0", quindi l'elemento che è presente al numero indice "5", vale a dire il numero "6", è stato rimosso.

Si può accedere agli elementi di una lista anche usando il ciclo for, come mostrato nell'esempio che segue.

Esempio:

1) Digita "new_list" e assegnagli alcuni valori casuali, ad es. "[1,2,3,4,5,6,7]".
2) Per accedere a tutti gli elementi presenti in "new_list", digitare "for x in new_list:"
3) Per stampare, digitare "print (x)".
4) Per eseguire il programma, digitare "Enter".

Operazione:

new_list = [1,2,3,4,5,6,7]
for x in new_list:
    print(x)

Output

1
2
3
4
5
6
7

L'output mostra che tutti gli elementi sono stati restituiti uno dopo l'altro.

Potete anche suddividere i valori di "new_list" da qualche intervallo particolare, come mostrato nell'esempio di seguito.

Esempio:

1) Digita "new_list" e assegnagli alcuni valori casuali, ad es. "[1,2,3,4,5,6,7]".
2) Digita "for x in new_list [: 2]:"
3) Per stampare, digitare "print (x)".
4) Per eseguire il programma, digitare "Enter".

Operazione:

new_list = [1,2,3,4,5,6,7]
for x **in** new_list[:2]:
   print(x)

Output:

1
2

Vediamo che l'output è 1 e 2 perché abbiamo specificato "[: 2]", il che significa che abbiamo stampato tutti gli elementi a partire dal numero di indice "0" fino a "2".

Ci sono una serie di altre funzioni che puoi usare che sono:

- **Length Function (funzione di lunghezza)** utilizzata per trovare la lunghezza di un testo
    - **Index Function (funzione indice)** La funzione indice viene utilizzata per trovare il valore di indice del valore passato come parametro e la prima occorrenza di esso.
- **Count Function (funzione conteggio)** è utilizzata per conteggiare gli elementi passati alla funzione

- **Sort Function (funzione ordinamento)** è utilizzata per ordinare gli elementi passati alla funzione

6.2 - Dizionari

I dizionari vengono utilizzati per memorizzare le coppie chiave-valore. Per capire meglio il concetto, pensa a un elenco telefonico in cui sono stati salvati centinaia e migliaia di nomi e numeri corrispondenti. In Python, i nomi saranno le chiavi e i numeri di telefono saranno le coppie di valori per quelle chiavi. I dizionari possono essere creati utilizzando le parentesi graffe ({}). Puoi anche crearli utilizzando la funzione "dict".

Esempio:

1) Prendi una variabile "a" e assegna i tasti come numeri utilizzando parentesi graffa ({}). Nelle parentesi, il tipo "1" è "Hello" e "2" è "World!".
2) Per stampare "a", digitare "print (a)".
3) Per eseguire il programma, digitare "Invio".

Operazione:

a = {1: "Hello", 2: "World!"}
print(a)

Output:

{1: 'Hello', 2: 'World!'}

Il risultato mostra parentesi graffe, che abbiamo creato utilizzando il dizionario.

Se non specifichiamo alcun parametro, verrà creato un dizionario vuoto, come mostrato nell'esempio di seguito.

Esempio:

1) Digita "b = {}"
2) Per stampare "b", digitare "print (b)".
3) Per eseguire il programma, digitare "Invio".

Operazione:

b = {}
print(b)

Output:

{}

Come output è stato creato un dizionario vuoto.

Possiamo anche creare dizionari usando la funzione "dict", come mostrato nell'esempio sotto.

Esempio:

1) Digita "c = dict ({1:" Hello ", 2:" World! "})"
2) Per stampare "c", digitare "print (c)".
3) Per eseguire il programma, digitare "Invio".

Operazione:

c = dict({1: "Hello", 2: "World!"})
print(c)

Output:
{1: 'Hello', 2: 'World!'}

Come mostrato in output abbiamo creato un dizionario facendo uso della "funzione dict".

I valori di un dizionario possono essere modificati utilizzando i tasti. La prima cosa che farai è accedere alla chiave e poi cambierai il valore di conseguenza, come mostrato nell'esempio sotto.

Esempio:

1) Digita "c = dict ({1:" Hello ", 2:" World! "})".
2) Per modificare il valore di "2", tpe "c [2] =" John ".
3) Per stampare "c", digitare "print (c)".
4) Per eseguire il programma, digitare "Enter".

Operazione:

c = dict({1: "Hello", 2: "World!"})
c[2]="John"
print(c)

Output:

{1: 'Hello', 2: 'John'}

Come vediamo dall'output, il valore per "2" è stato modificato da "World!" a "John"

Per eliminare elementi da un dizionario, possiamo utilizzare la funzione pop, la funzione pop item o la funzione clear.

Funzione Pop: La funzione Pop rimuove l'elemento con il nome chiave specificato.

Funzione Clear: per ripulire l'intero dizionario, è possibile utilizzare la funzione Clear.

Esempio:

1) Digita "c = dict ({1:" Hello ", 2:" World! "})".
2) Per cancellare la chiave "1", scrivi "c.pop (1)"
3) Per stampare "c", digitare "print (c)".
4) Per eseguire il programma, digitare "Enter".

Operazione:

c = dict({1: "Hello", 2: "World!"})
c.pop(1)
print(c)

Output:

{2: 'World!'}

Come puoi vedere dall'output, "Hello" è stato rimosso dal dizionario.

possiamo rimuovere l'ultimo elemento utilizzando la funzione Pop-item, come mostrato nell'esempio di seguito.

Esempio:

1) Digita "c = dict ({1:" Hello ", 2:" World! "})".
2) Per utilizzare la funzione Pop-item, digita "c.popitem ()"
3) Per stampare "c", digitare "print (c)".
4) Per eseguire il programma, digitare "Enter".

Operazione:

c = dict({1: "Hello", 2: "World!", 3: "John"})
c.popitem()
print(c)

Output:

{1: 'Hello', 2: 'World!'}

Come vediamo dall'output, l'ultimo elemento inserito ("3:" John ") è stato rimosso.

Per eliminare il dizionario, possiamo utilizzare la funzione clear, come mostrato di seguito.

Esempio:

1) Digita "c = dict ({1:" Hello ", 2:" World! "})".
2) Per utilizzare la funzione Pop-item, digita "c.popitem ()"
3) Per stampare "c", digitare "print (c)".
4) Per eseguire il programma, digitare "Enter".

Operazione:

c = dict({1: "Hello", 2: "World!", 3: "John"})
c.clear()
print(c)

Output:

{}
Come possiamo vedere viene mostrata una parentesi vuota, perché tutte le voci presenti nella lista del dizionario sono state rimosse.

Possiamo usare la funzione Get per specificare il valore della chiave, come mostrato nell'esempio di seguito.

Esempio:

1) Crea un dizionario, digita "d = {1:" Python ", 2:" Java ", 3:" C # ")"
2) Per recuperare i valori presenti per la chiave "3", utilizzare la funzione Print e all'interno della funzione Print, creare la funzione Get e specificare il nome del dizionario, digitare "print (d.get (3))"
3) Per eseguire il programma, digitare "Invio".

Operazione:

d = {1: "Python", 2: "Java", 3: "C#"}
print(d.get(3))

Output:

C#

Come vediamo l'output che mostra il valore presente per la chiave "3" è "C #".

Possiamo specificare direttamente il nome della chiave, come mostrato nell'esempio di seguito.

Esempio:

1) Crea un dizionario, digita "d = {1:" Python ", 2:" Java ", 3:" C # ")"
2) Per recuperare i valori presenti per la chiave "2", utilizzare la funzione di stampa e all'interno della funzione di stampa, specificare il nome del dizionario.
3) Per specificare direttamente il valore della chiave "2", digitare "print (d [2])"
4) Per eseguire il programma, digitare "Enter".

Operazione:

d = {1: "Python", 2: "Java", 3: "C#"}
print(d[2])

Output:

Java

Il valore presente nella chiave 2, così come mostrato dall'output, è "Java".

6.3 - Tuples

Le Tuples sono liste caratterizzate dal fatto che i dati inseriti in esse non possono essere modificati. Per creare una Tuple in Python puoi usare le normali parentesi tonde

(). Possiamo anche creare una Tuple facendo uso della funzione Tuple.

Esempio:

1) **Metodo 1:** Crea una Tuple vuota, digita "my_tup = ()".
2) Crea un'altra Tuple "z" e assegna alcuni valori a questa, ad es. "Z = (1,2,3,4,5,6)".
3) **Metodo 2:** Crea la variabile "y" e utilizza la funzione Tuple, ad es. Esempio: "y = tuple ((2,3,4,5)).
4) Per stampare tutte le Tuples, digitare "print (m_tup)", "print (z)" e "print (y)".
5) Premere "Enter" per eseguire il programma.

Operazione:

my_tup=()
z = (1,2,3,4,5,6)
y = tuple((2,3,4,5))
print(m_tup)
print(z)
print(y)

Output:

()
(1, 2, 3, 4, 5, 6)
(2, 3, 4, 5)

Tutte le Tuple sono state riprodotte come output.

Non è possibile modificare i valori di una Tuple. Se usiamo una qualsiasi funzione come una funzione append con una

Tuple, ci darà un "messaggio di errore", come mostrato nell'esempio di seguito.

Esempio:

1) Digitare "z = (1,2,3,4,5,6)".
2) Per utilizzare la funzione di aggiunta, digitare "z.append (3)"
3) Premere "Enter" per eseguire il programma.

Operazione:

z = (1,2,3,4,5,6)
z.append(3)

Output

AttributeError: 'tuple' object has no attribute 'append'

L'output mostra un "errore di attributo".

Per accedere agli elementi di una Tupla, utilizzare un ciclo for, come mostrato nell'esempio seguente.

Esempio:

1) Creare una Tuple, digitare "z = (1,2,3,4,5,6)".
2) Per creare un ciclo for, digita "for i in y:"
3) Per stampare, digita "print (i)"
4) Premere "Enter" per eseguire il programma.

Operazione:

```
z = tuple((1,2,3,4,5,6))
for i in z:
    print(i)
```

Output

1
2
3
4
5
6

Come puoi vedere dall'output, tutti gli elementi della Tuple sono stati recuperati.

6.4 - Insiemi (Set)

Gli insiemi sono una raccolta di elementi non ordinati ed univoci, il che significa che anche se i dati vengono ripetuti più di una volta mentre si specificano i valori, il tipo di insieme impostato prenderà solo una voce di quell'elemento. Gli insiemi in Python assomigliano effettivamente agli insiemi che hai studiato in aritmetica. Anche le operazioni sono le stesse come intersezione, differenza, unione ecc. Per creare insiemi in Python, puoi usare le parentesi graffe ({}) e invece di aggiungere le coppie chiave-valore, devi solo specificare i valori.

Esempio:

1) Prendi una variabile come "x" e specifica alcuni valori, ad es. "X = {2,3,4,5,6,3,4,5}".
2) Per stampare il set, digita "print (x)"
3) Premere "Enter" per eseguire.

Operazione:

x = {2,3,4,5,6,3,4,5}
print(x)

Output

{2,3,4,5,6}

Vediamo come viene mostrato in output l'insieme x. Esso ha otto valori ma ne vengono mostrati solo cinque valori, questo perché il set "x" ha tre valori ripetuti e la funzione insiemi non esegue valori ripetuti.

Possiamo usare la funzione add per aggiungere alcuni valori a un set, come mostrato nell'esempio di seguito.

Esempio:

Scrivi "x.add (8)" nell'Esempio sopra e poi stampa "x", scrivi print (x) e premi "Invio" per eseguire il programma.

Operazione:

x = {2,3,4,5,6,3,4,5}
x.add(8)
print(x)

Output

{2, 3, 4, 5, 6, 8}

Come vediamo dall'output, l'elemento "8" è stato aggiunto al set della variabile "x".

Possiamo eseguire molte operazioni sul set come intersezioni, unioni, differenze ecc.

Per eseguire l'operazione di intersezione sul set, proviamo a vedere l'esempio di seguito.

Esempio:

1) Prendi una variabile come "y" e assegnale alcuni valori, ad es. "Y = {1,2,3,4,5}".
2) Prendi un'altra variabile come "x" e assegnale alcuni valori, ad es. "X = {2,3,4,5,6,8}"
3) Per trovare l'unione di "x" e "y", è possibile utilizzare il carattere "pipeline" (|), utilizzando così la funzione di unione. Occorre cioè digitare "z = x | y".
4) Per stampare, digita "print (z)"
5) Premere "Enter" per eseguire il programma.

Operazione:

x = {2,3,4,5,6,8}
y = {1,2,3,4,5}
z = x|y
print(z)

Output

{1, 2, 3, 4, 5, 6, 8}

L'output mostra l'unione di "x" e "y" presenti in "z" e il valore di "z" è stato eseguito.

L'uso della funzione unione è mostrato nell'esempio seguente.

Esempio:

1) Crea una variabile "y" e assegnale alcuni valori, ad es. "Y = {1,2,3,4,5}".
2) Crea un'altra variabile "x" e assegnale alcuni valori, ad es. "X = {2,3,4,5,6,8}"
3) Per trovare l'unione di "x" e "y", utilizzare la funzione di unione .union, digitando "print (x.union (y))".
4) Premere "Enter" per eseguire il programma.

Operazione:
x = {2,3,4,5,6,8}
y = {1,2,3,4,5}
print(x.union(y))

Output

{1, 2, 3, 4, 5, 6, 8}

L'output mostra che i valori di unione di "x" e "y" sono stati eseguiti utilizzando la funzione di unione.

La funzione di intersezione è mostrata nell'esempio di seguito.

Esempio:

1) Crea una variabile come "y" e assegnale alcuni valori, ad es. "Y = {1,2,3,4,5}".
2) Crea un'altra variabile come "x" e assegnale alcuni valori, ad es. "X = {2,3,4,5,6,8}"
Per trovare l'intersezione di "x" e "y", digita "print (" x intersection y = ", x.intersection (y))"
3) Premere "Enter" per eseguire il programma.

Operazione:

x = {2,3,4,5,6,8}
y = {1,2,3,4,5}
print("x intersection y = ", x.intersection(y))

Output

x intersection y = {2, 3, 4, 5}

L'output mostra i valori di intersezione di "x" e "y".

7 - STRUTTURE DATI DEFINITE DALL'UTENTE

Le strutture dati definite dall'utente possono essere array, stack, code, alberi, elenchi collegati, grafici o hashmap.

7.1 - Array

Un array è una struttura dati che può contenere una raccolta ordinata di elementi dello stesso tipo. Questo significa che ogni elemento in un array è dello stesso tipo di dati, come interi, float o stringhe. Gli array sono particolarmente utili quando si ha bisogno di memorizzare e gestire grandi quantità di dati in modo ordinato e sequenziale. Gli array in Python possono essere gestiti tramite la libreria array o, più comunemente, utilizzando numpy per operazioni più avanzate.

Gli array permettono un facile accesso ai loro elementi tramite numeri di indice, che rappresentano la posizione di un elemento all'interno dell'array. Questa capacità di accedere rapidamente a qualsiasi elemento rende gli array ideali per applicazioni che richiedono una gestione efficiente dei dati, come algoritmi di ordinamento e ricerca.

Inoltre, gli array sono mutabili, il che significa che gli elementi possono essere modificati, aggiunti o rimossi dopo la creazione dell'array. Questa flessibilità è cruciale per molte applicazioni, come l'elaborazione di immagini, l'analisi dei dati e la modellazione scientifica.

Esempio di utilizzo di array:

```
import array as arr

# Creazione di un array di interi
numeri = arr.array('i', [1, 2, 3, 4, 5])
print(numeri[2])
# Output: 3
```

7.2 - Stacks

Gli stack (pile) sono strutture dati lineari che seguono il principio LIFO (Last In, First Out), cioè "l'ultimo che entra è il primo che esce". Questa caratteristica implica che l'ultimo elemento aggiunto allo stack sarà il primo a essere rimosso. Gli stack sono utilizzati frequentemente nei linguaggi di programmazione per la gestione delle chiamate di funzione, l'elaborazione delle espressioni e la gestione della memoria.

Gli stack possono essere implementati utilizzando array o liste in Python. Supportano operazioni fondamentali come push (inserimento di un elemento nello stack) e pop (rimozione dell'elemento più recente). Oltre a queste, altre operazioni includono peek, che consente di visualizzare l'elemento superiore dello stack senza rimuoverlo, e isEmpty, che verifica se lo stack è vuoto.

Esempio di utilizzo di uno stack:

stack = []

Inserimento di elementi nello stack

stack.append(1)

stack.append(2)

stack.append(3)

Rimozione dell'elemento superiore

print(stack.pop())

Output: 3

7.3 - Code (Queues)

Le code (queues) sono strutture dati lineari che seguono il principio FIFO (First In, First Out), cioè "il primo che entra è il primo che esce". Questa proprietà significa che l'elemento inserito per primo in una coda sarà anche il primo a essere rimosso. Le code sono utilizzate in molti contesti, come la gestione dei processi in un sistema operativo, la gestione delle richieste nei server web e l'elaborazione degli eventi nelle applicazioni di rete.

Le code possono essere implementate in Python utilizzando liste o la classe deque dalla libreria collections, che offre una coda a doppia estremità con operazioni efficienti per l'inserimento e la rimozione degli elementi sia dall'inizio che dalla fine della coda.

Esempio di utilizzo di una coda:

```
from collections import deque

# Creazione di una coda
coda = deque()

# Accodamento di elementi
coda.append(1)
coda.append(2)
coda.append(3)

# Rimozione dell'elemento più vecchio
print(coda.popleft())
# Output: 1
```

7.4 - Alberi (Trees)

Gli alberi sono strutture dati non lineari che rappresentano una gerarchia con nodi collegati tra loro. Un albero è costituito da nodi, con un nodo radice che rappresenta il punto di partenza e nodi figli che rappresentano i discendenti. Ogni nodo può avere zero o più figli, ma un solo genitore (eccetto il nodo radice che non ha genitori). Gli alberi sono utilizzati per rappresentare strutture gerarchiche come il sistema di file di un computer, le strutture di dati XML e HTML, e per implementare algoritmi di ricerca e ordinamento.

In Python, gli alberi possono essere implementati utilizzando classi e oggetti. Gli alberi binari, un tipo speciale di albero in cui ogni nodo ha al massimo due figli, sono particolarmente utili per l'implementazione di algoritmi di ricerca efficienti, come gli alberi binari di ricerca (BST).

Esempio di implementazione di un albero binario:

```python
class Nodo:
    def __init__(self, valore):
        self.valore = valore
        self.sinistro = None
        self.destro = None


# Creazione dell'albero
radice = Nodo(1)
radice.sinistro = Nodo(2)
radice.destro = Nodo(3)
```

print(radice.valore)

Output: 1

print(radice.sinistro.valore)

Output: 2

7.5 - Liste "Linked"

Le liste collegate sono strutture dati lineari in cui gli elementi, chiamati nodi, sono collegati tra loro tramite puntatori. Ogni nodo contiene un dato e un puntatore al nodo successivo nella sequenza. A differenza degli array, le liste collegate non sono memorizzate in blocchi di memoria contigui, il che permette di aggiungere e rimuovere elementi facilmente senza dover ridimensionare la struttura dati.
Le liste collegate possono essere utili per implementare strutture dati complesse come stack, code e tabelle hash. Sono anche utilizzate nelle applicazioni di gestione delle immagini, nei lettori musicali e in altre applicazioni dove è necessaria una gestione flessibile della memoria.

Esempio di implementazione di una lista collegata:

```
class Nodo:
    def __init__(self, dato):
        self.dato = dato
        self.prossimo = None

class ListaCollegata:
    def __init__(self):
        self.testa = None
```

```
def aggiungi(self, dato):
    nuovo_nodo = Nodo(dato)
    nuovo_nodo.prossimo = self.testa
    self.testa = nuovo_nodo

# Creazione della lista collegata
lista = ListaCollegata()
lista.aggiungi(1)
lista.aggiungi(2)
lista.aggiungi(3)

print(lista.testa.dato)
# Output: 3
```

7.6 - Grafici

I grafici sono strutture dati non lineari che rappresentano una collezione di punti chiamati vertici collegati da linee chiamate archi. I grafici sono una rappresentazione potente per modellare molte situazioni del mondo reale, come le reti di trasporto, i percorsi di rete e le relazioni sociali. Nei grafici diretti, gli archi hanno una direzione, mentre nei grafici non diretti, gli archi non hanno direzione.

I grafici possono essere rappresentati in Python utilizzando strutture dati come liste di adiacenza, matrici di adiacenza o utilizzando librerie come networkx per operazioni più avanzate. I grafici sono utilizzati in algoritmi per calcolare percorsi minimi, trovare componenti connesse e molto altro.

Esempio di rappresentazione di un grafico utilizzando un dizionario:

```
grafico = {
    'A': ['B', 'C'],
    'B': ['A', 'D', 'E'],
    'C': ['A', 'F'],
    'D': ['B'],
    'E': ['B', 'F'],
    'F': ['C', 'E']
}

print(grafico['A'])
# Output: ['B', 'C']
```

7.7 - Hashmaps

Gli hashmap, o tabelle hash, sono strutture dati utilizzate per memorizzare coppie chiave-valore in modo che i dati possano essere recuperati rapidamente tramite una chiave unica. Gli hashmap utilizzano una funzione di hash per calcolare un indice in una matrice di slot, dove ogni slot contiene un bucket che può memorizzare una coppia chiave-valore. Questa struttura è utile per creare applicazioni come rubriche telefoniche, gestori di cache, e altri tipi di dati che richiedono un accesso rapido e diretto.

In Python, gli hashmap sono implementati utilizzando il tipo di dati dict, che consente un recupero efficiente dei dati e offre funzionalità avanzate per la gestione delle chiavi e dei valori.

Esempio di utilizzo di un hashmap:

```
rubrica = {
    'Carlo': '123-4567',
    'Gaia': '234-5678',
    'Katia': '345-6789'
}


print(rubrica['Carlo'])
# Output: 123-4567
```

8 - ALGORITMI

Gli algoritmi in generale sono regole o istruzioni formulate in un ordine sequenziale. Essi sono creati per risolvere problemi e ottenere i risultati richiesti. Forniscono uno pseudocodice per i problemi e possono essere implementati in diverse lingue. Gli algoritmi sono generalmente scritti come una combinazione di un linguaggio comprensibile dall'utente e alcuni linguaggi di programmazione comuni. Sono comunemente definiti in steps.

Non ci sono regole distinte per formulare algoritmi, ma dovrai tenere a mente i seguenti punti

- Scopri qual è esattamente il problema.
- Determina da dove devi iniziare.
- Determina dove devi fermarti.
- Formula i passaggi intermedi.
- Rivedi i tuoi passi.

Ad esempio, proviamo a capire cosa si deve fare per formulare un algoritmo che verifichi se uno studente ha superato o meno un esame. Quando inizi a formulare un algoritmo, dichiari due variabili che sono "x" e "y", quindi memorizzi i voti ottenuti dallo studente in "x" e memorizzi il punteggio minimo di superamento in "y ". A questo punto potrai controllare se" x "è maggiore o uguale a" y ": se la risposta alla domanda precedente è sì, l'algoritmo deve restituire una informazione, ad esempio "pass", altrimenti l'algoritmo deve fermarsi.

Senza entrare nel dettaglio (in quanto l'obiettivo di questo esempio è solo far comprendere in cosa consista un algoritmo e come si debba ragionare per crearlo) è possibile manipolare i passaggi in base alle proprie preferenze, per esempio: è possibile assegnare valori a entrambe le variabili "x" e "y" in un unico passaggio anziché in due passaggi. Un singolo problema può avere più soluzioni e dipende dal programmatore scegliere le soluzioni più affidabili ed idonee al caso concreto.

Elementi di un buon algoritmo:

- I buoni algoritmi devono avere passaggi finiti, chiari e comprensibili.
- Dovrebbe esserci una descrizione chiara e precisa degli input e degli output.
- Ogni fase deve avere un output definito che dipende solo dagli input in quella fase o nelle fasi precedenti.
- L'algoritmo dovrebbe essere sufficientemente flessibile da modellarlo e consentire una serie di soluzioni.
- I passaggi dovrebbero fare uso dei fondamenti generali di programmazione e non dovrebbero essere specifici del linguaggio.

8.1 - Classi di algoritmi

Le tre principali classi di algoritmi sono:

- Dividi et impera (dividi e conquista)
- Programmazione dinamica
- Algoritmi Greedy

Divide et impera: La classe Divide et impera (Dividi e conquista) divide il problema in sottopercorsi e risolve ciascuno di essi separatamente.

Programmazione dinamica: La Programmazione Dinamica divide i problemi in sotto-parti, memorizza il risultato delle sotto-parti e poi procede in maniera analoga nelle parti successive da programmare (richiamando parti di software già realizzati). In questo modo, tramite il richiamo di parti di software, il numero di ripetizioni sarà inferiore rispetto al metodo divide et impera.

Algoritmi Greedy: gli algoritmi Greedy implicano la risoluzione di un problema per volta, senza preoccuparsi di una visione di insieme, del richiamo di parti di software già realizzati o della divisione del problema in sotto-problemi.

Algoritmi importanti:
Di seguito sono riportati gli algoritmi importanti di Python;
- Algoritmi di attraversamento del percorso (Tree Traversal Algorithm)
- Algoritmi di ricerca
- Algoritmi di ordinamento

8.2 - Algoritmi di attraversamento del percorso (Tree Traversal Algorithm)

Gli alberi in Python sono strutture di dati non lineari che hanno una radice e un nodo. Gli algoritmi "Tree Traversal" si riferiscono all'attraversamento del percorso o albero dato da ogni nodo (presente in un albero) al fine del loro aggiornamento, update, sovrascrittura o per la semplice lettura o verifica.

In base all'ordine in cui i nodi vengono visitati possono esserci tre tipi di attraversamenti:
- L'attraversamento pre-ordine
- Attraversamento in ordine
- L'attraversamento post-ordine

Esempio of algoritmo di attraversamento:

1) Definire una classe chiamata nodo, digitare "class Node:".
2) All'interno di una classe, definire una funzione "init" e il parametro obbligatorio, che è "self-parameter" seguito dal "value parameter", digitare "def _init_ (self, val):", questo self-parameter ti consentirà di accedere alle variabili di "classe".
3) Digitare "self.left = Nessuno"; "Nessuno" è specificato qui perché in questo momento non esiste un figlio sinistro. Il primo valore deve essere assegnato al nodo radice e il figlio sinistro e il figlio destro non conterranno nulla e quindi viene assegnato "Nessuno".
4) Digitare "self.right = Nessuno".
5) Digitare "self.val = value".
6) Nell'albero la prima radice o il nodo radice è "1", quindi assegnare un valore come "1", digitare "root = Node (1)".
7) Una volta creata la radice, crea il figlio sinistro e il figlio destro per esso, digita "root.left = Node (2)" e poi, digita "root.right = Node (3)".
In un albero, il "nodo (2)" ha un altro figlio sinistro e un figlio destro, per crearlo, digita "root.left.left = Nodo (4)" e il figlio destro di "Nodo (2) lo farà essere "Nodo (5)"

class Node:

```
    def __init__(self, value):
        self.left = None
        self.right = None
        self.val = value

root = Node(1)
root.left = Node(2)
root.right = Node(3)
root.left.left = Node(4)
root.left.right = Node(5)
```

1) type "root.left.right = Node(5)".

Ecco mostrato un algoritmo di Tree Traversal. Questo algoritmo viene utilizzato nell'attraversamento pre-ordine, nell'attraversamento in ordine e nell'attraversamento post-ordine per eseguire operazioni.

8.3 - Attraversamento In ordine

L'attraversamento in ordine si riferisce all'attraversamento dell'albero in modo tale che visiti prima il nodo sinistro seguito dalla radice e poi i nodi di destra, inizi il tuo attraversamento da tutti i nodi nel sottoalbero sinistro e poi ti muovi verso la radice e infine verso il sottoalbero destro.
Il primo passo dell'attraversamento in ordine sarà quello di attraversare i nodi presenti nella sottostruttura sinistra. Quindi, al passaggio due, il programma deve visitare la radice e infine la sottostruttura destra.

Esempio:

1) In primo luogo, definire una classe chiamata nodo, digitare "class Node:".
2) Definisci una classe. All'interno di una classe, definire una funzione "init" e il parametro obbligatorio, che è "self-parameter" seguito dal "value parameter", digitare "def _init_ (self, val):", questo self-parameter ti consentirà di accedere alle variabili di "classe".
3) Digitare "self.left = None" (Nessuno). "None" è specificato qui perché in questo momento non esiste un figlio sinistro. Il primo valore deve essere assegnato al nodo radice e il figlio sinistro e il figlio destro non conterranno nulla e quindi viene assegnato "None".
4) Digitare "self.right = None".
5) Digitare "self.val = value".
6) Definire la funzione in ordine e quindi passare il parametro come "root", digitare "def inorder (root):".
7) Se è presente un valore per la radice, chiama la funzione in-order e visita prima il figlio sinistro, per questo, digita "if root:" e quindi digita "inorder (root.left)".
8) Stampa il valore per la radice, digita "print (root.value)".
9) Una volta che il programma ha visitato il figlio sinistro e il root, dovrà visitare il figlio destro, digitare "inorder (root.right)".
10) Ora, per creare un oggetto di questa classe, chiama l'oggetto come root. Nell'albero la prima radice o il nodo radice è "1", quindi assegnare un valore come "1", digitare "root = Node (1)".
11) Una volta creata la radice, crea il figlio sinistro e il figlio destro per esso, digita "root.left = Node (2)" e poi, digita "root.right = Node (3)".
12) In un albero, il "nodo (2)" ha un altro figlio sinistro e un figlio destro, per crearlo, digita "root.left.left = Node (4)" e

figlio destro di "Node (2) sarà "Node (5)", digitare "root.left.right = Node (5)".
13) Chiama la funzione in-order, digita "inorder (root)".
14) Premere "Enter" per eseguire il programma.

Operazione:

```python
class Node:
    def __init__(self, value):
        self.left = None
        self.right = None
        self.val = value

def inorder(root):
    if root:
        inorder(root.left)
        print(root.val)
        inorder(root.right)

root = Node(1)
root.left = Node(2)
root.right = Node(3)
root.left.left = Node(4)
root.left.right = Node(5)
inorder(root)
```

Output

4
2
5
1
3

Come potete vedere l'output, l'attraversamento in ordine parte da "4", passa al nodo "2" poi "5", "1" e "3". Poichè per l'attraversamento in ordine, si inizierà dal nodo più a sinistra, il nodo più a sinistra dell'albero è il nodo "4", quindi l'algoritmo inizierà da "4" e si sposterà verso la radice e infine a destra nodo. Una volta che "4", "2" e "5" sono stati completati, la sottostruttura sinistra è completata. Una volta completato il sottoalbero sinistro, si applica di nuovo la stessa formula, quindi il programma visiterà il nodo "1" che è il nodo radice e infine visiterà la radice "3" che è il nodo destro .

8.4 - L'attraversamento pre-ordine

In un attraversamento di preordine, il nodo radice viene visitato per primo, seguito dal sottoalbero sinistro e poi dal sottoalbero destro.

Esempio:

1) In primo luogo, definire una classe, digitare "class Node:".
2) Definisci una classe. All'interno di una classe, definire una funzione "init" e il parametro obbligatorio, che è "self-parameter" seguito dal "value parameter", digitare "def _init_ (self, val):", questo self-parameter ti consentirà di accedere alle variabili di "classe".
3) Digitare "self.left = None"; "None" (nessuno) è specificato qui perché in questo momento non esiste un figlio sinistro. Il primo valore deve essere assegnato al nodo radice e il figlio sinistro e il figlio destro non conterranno nulla e quindi viene assegnato "None".
4) Digitare "self.right = None".

5) Digitare "self.val = value".
6) Definire una funzione che sia funzione di pre-ordine e passare root come parametro, digitare "def Preorder (root):".
7) Se è presente root, stampare prima il valore del nodo root, digitare "if root:" e quindi digitare "print (root.nodedata)".
8) Per eseguire prima il preordine per il figlio sinistro, digita "Preorder (root.lc)".
9) Preordina per il figlio destro, digita "Preordina (root.rc)".
10) Ora, per creare un oggetto di questa classe, chiama l'oggetto come root. Nell'albero la prima radice o il nodo radice è "1", quindi assegnare un valore come "1", digitare "root = Node (1)".
11) Una volta creata la radice, crea il figlio sinistro e il figlio destro per esso, digita "root.left = Node (2)" e poi, digita "root.right = Node (3)".
12) In un albero, il "nodo (2)" ha un altro figlio sinistro e un figlio destro, per crearlo, digita "root.left.left = Node (4)" e figlio destro di "Node (2) sarà "Node (5)", digitare "root.left.right = Node (5)".
13) Una volta fatto, chiama la funzione di pre-ordine, digita "Preorder (root)".
Premere "Invio" per eseguire il programma.

```python
class Node:
    def __init__(self, value):
        self.left = None
        self.right = None
        self.val = value

def preorder(root):
    if root:
        print(root.val)
```

```
    preorder(root.left)
    preorder(root.right)

root = Node(1)
root.left = Node(2)
root.right = Node(3)
root.left.left = Node(4)
root.left.right = Node(5)
preorder(root)
```

Output

```
1
2
4
5
3
```

Come puoi vedere l'output, il primo nodo da visitare è il nodo radice "1" seguito dal sotto-figlio di sinistra "2" e poi dal sotto-figlio di sinistra di "2" che è "4". Successivamente il programma visiterà la radice "5", che è il sottoalbero destro di "2" e, infine, quando la radice e la sottostruttura sinistra sono terminate, il programma si sposterà verso la sottostruttura destra che contiene "3".

Attraversamento post-ordine

L'attraversamento post-ordine inizia da sinistra poi a destra e infine giunge alla radice. Quindi nell'esempio che segue quello che faremo è iniziare da "4" per andare avanti verso "5", "2", "1" e "3", questo perché "4" è l'ultimo figlio a sinistra. Quindi il programma verificherà se vi è un nodo destro spostandosi a destra di "4" e troverà il valore pari a "5". Completato tale step, il programma andrà al nodo radice che è "2". Una volta completata la sottostruttura sinistra, il codice dovrà spostarsi verso la sottostruttura destra e poi attraversarla. Nella mia sottostruttura di destra, ho solo un nodo che è "3". Dopo aver completato la sottostruttura sinistra e la sottostruttura destra, applico di nuovo la logica Sinistra-Destra-radice, quindi visito la radice che è "1".

Esempio:

1) Definire una funzione "post-order" e passare "root" come parametro, digitare "def Postorder (root):". Se il valore per root è presente o meno, digita "if root:".

2) Prima visita il figlio più a sinistra, per far ciò, digita "Postorder (root.lc)" e poi post-order del figlio di destra, digita "Postorder (root.rc)".

3) Infine, per stampare il valore del nodo radice, digita "print (root.nodedata).

4) Fatto ciò, chiama la funzione Post-order e passa "root" come parametro, digita "Postorder (root)"

5) Premere "Enter" per eseguire il programma.

Operazione:

```
class Node:
    def __init__(self, value):
        self.left = None
```

```
        self.right = None
        self.val = value

def postorder(root):
    if root:
        postorder(root.left)
        postorder(root.right)
        print(root.val)

root = Node(1)
root.left = Node(2)
root.right = Node(3)
root.left.left = Node(4)
root.left.right = Node(5)
postorder(root)
```

Output

```
4
5
2
3
1
```

Come puoi vedere dall'output, il mio sottoalbero sinistro viene visitato per primo, poi seguito dal sottoalbero destro e poi dal nodo radice.

8.5 - Algoritmi di ordinamento (algoritmi "SORT")

Gli algoritmi di ordinamento vengono utilizzati per ordinare i dati in un determinato ordine.

Gli algoritmi di ordinamento possono essere classificati come:
- Merge Sort
- Bubble Sort
- Insertion Sort
- Selection Sort
- Shell Sort

8.6 - Algoritmi Merge Sort (ordinamento per unione)

L'algoritmo Merge Sort segue la regola divide et impera. Nell'algoritmo di ordinamento di unione, l'elenco di elementi viene prima diviso in elenchi più piccoli fino a raggiungere un punto in cui ogni elenco consiste esattamente di un elemento. Per impostazione predefinita verrà ordinato un elenco composto da un elemento e l'algoritmo di ordinamento di unione confronta quindi elenchi adiacenti e riordina nella sequenza desiderata. Questo processo viene eseguito in modo ricorsivo finché non raggiunge un punto in cui esiste un solo elenco ordinato.

Esempio:

1) Per prima cosa, definisci una funzione di merge-sort e identifica "A" nell'elenco come parametro, digita "def mergesort (A):".
2) Quindi, utilizza l'istruzione if, digita "if len (A)> 1:", che significa se la lunghezza della lista è maggiore di "1".
3) Calcola il valore medio, digita "mid = len (A) // 2", che significa metà uguale alla lunghezza della lista divisa per "2", qui la divisione è una divisione intera.
4) Digitare "left = A [: mid]" e "right = A [mid:]", ciò significa che l'elenco è stato diviso in sinistra e destra utilizzando il valore medio.
5) Chiama l'ordinamento di unione per la sinistra e l'ordinamento di unione per l'elenco di destra, digita "mergesort (left)" e "mergesort (right).
6) Definire la variabile "i" che è uguale a "0" e la variabile "j" che è assegnata a "0" e la variabile "k" che è anche assegnata a "0".
7) Ora, usa un ciclo while, digita "while i <len (left) e j <len (right):".
8) Nel ciclo while, prendi una condizione if, digita "if left [i] <right [j]:".
9) Prendi "A" di "k" uguale alla sinistra di "i", digita "A [k] = left [i]"
10) Incrementare il valore di "i", digitare "i = i + 1".
11) Ora, prendi l'istruzione else, digita "A [k] = right [j]".
12) Incrementa il valore di "j", digita "j = j +1"
13) Fuori dal blocco if / else, incrementare il valore di "k", digitare "k = k + 1".

14) Quindi, il primo ciclo while che è stato definito, viene utilizzato per unire i due elenchi ordinati in un unico elenco ordinato.
15) Ora, utilizza il secondo ciclo while, digita "while i <len (left):"
16) Nel secondo ciclo while, prendi un'istruzione, digita "A [k] = left [i]", "i = i + 1" e "k = k + 1".
17) Prendi il terzo ciclo while, digita "while j <len (right)".
18) Nel terzo ciclo while, digita "A [k] = right [j]", "j = j + 1" e "k = k + 1", questo completa l'implementazione della funzione di merge sort.
19) Ora, crea un elenco "A" con alcuni elementi, come: "A = [84, 21, 96, 15, 47]"
20) Chiama l'algoritmo di ordinamento merge, passando l'elenco come "A", digita "mergesort (A)".
21) Usa l'istruzione print per stampare l'elenco originale e dopo aver chiamato merge sort avremo un'altra istruzione print per stampare l'elenco ordinato, digita "print ('Sorted Array:', A)".
22) Premere "Enter" per eseguire il programma.

Operazione:

```
def mergesort(A):
    if len(A) > 1:
        mid = len(A) // 2
        left = A[:mid]
        right = A[mid:]

        mergesort(left)
        mergesort(right)

        i=0
```

```
        j=0
        k=0
        while i < len(left) and j < len(right):
            if left[i] < right[j]:
                A[k] = left[i]
                i = i + 1
            else:
                A[k] = right[j]
                j = j + 1
            k = k + 1
        while i < len(left):
            A[k] = left[i]
            i = i + 1
            k = k + 1
        while j < len(right):
            A[k] = right[j]
            j = j + 1
            k = k + 1
A = [84, 21, 96, 15, 47]
print('Original Array: ', A)
mergesort(A)
print('Sorted Array: ', A)
```

Output

Original Array: [84, 21, 96, 15, 47]
Sorted Array: [15, 21, 47, 84, 96]

Come puoi vedere dall'output, dopo aver chiamato l'algoritmo di ordinamento di unione, l'elenco è in ordine ben ordinato.

8.7 - Algoritmi Bubble Sort

L'algoritmo di ordinamento a bolle (bubble sort) è un algoritmo di confronto che prima confronta e poi ordina gli elementi adiacenti e, se non sono in ordine, li scambia. Questo processo viene ripetuto "n-1" volte, dove "n" è la lunghezza dell'elenco.

Esempio:

1) Per prima cosa, definisci una funzione Bubble-sort, che accetta list come argomento, digita "def bubblesort (A):".

2) Utilizza un ciclo for, digita "for i in range (len (A) -1, 0, -1):".

3) Utilizza un altro ciclo for, digita "for j in range (i):",

4) Confronta i due elementi adiacenti, digita "if A [j]> A [j + 1]:".

5) Digita "A [j], A [j + 1] = A [j + 1], A [j]" (questa è l'istruzione più semplice in Python per scambiare due elementi)

6) Crea un elenco "A" con alcuni elementi, digita "A = [84, 21, 96, 15, 47]"

7) Stampa l'elenco originale, digita "print ('Original Array:', A).

8) Chiama l'algoritmo Bubble-sort passando l'elenco "A", digita "bubblesort (A)".

9) Infine, stampa l'elenco ordinato utilizzando la funzione print, digita "print (' Sorted Array: ', A).

10) Premere "Enter" per eseguire il programma.

Operazione:

```
def bubblesort(A):

    for i in range(len(A)-1, 0, -1):
        for j in range(i):
            if A[j] > A[j+1]:
                A[j], A[j+1] = A[j+1], A[j]

A = [84, 21, 96, 15, 47]
print('Original Array: ', A)
bubblesort(A)
print('Sorted Array: ', A)
```

Output:

Original Array: [84, 21, 96, 15, 47]
Sorted Array: [15, 21, 47, 84, 96]

Nell'output, puoi vedere "Array originale" che non è ordinato e quindi, dopo aver chiamato l'algoritmo di ordinamento delle bolle, abbiamo l '"array ordinato"

8.8 - Insertion Sort

L'ordinamento di inserzione raccoglie un elemento di un dato elenco alla volta e lo posiziona nel punto esatto in cui dovrebbe essere.

Esempio:

1) Per prima cosa, definisci una funzione di ordinamento per inserimento che accetta list come parametro, digita "def insertionsort (A):".
2) Utilizza il ciclo for, digita "for i in range (1, len (A)".
3) All'interno del ciclo for, imposta una variabile, digita "valore = A [i]".
4) Dichiara un'altra variabile "position" e assegnarle il valore "i", digitare "position = i".
5) Utilizzare un ciclo while, digitando "while position> 0 e A [position -1]> value:".
6) Per l'istruzione del ciclo while, digitare "A [posizione] = A [posizione -1]".
7) Per la seconda istruzione, digitare "position = position - 1", che significa diminuire il valore della posizione.
8) Questo ciclo while viene utilizzato per spostare gli elementi fino a trovare la posizione dell'elemento di input.
9) Digitare "A [posizione] = valore", il che significa che abbiamo trovato la posizione e inserito l'elemento di input in quella posizione.
10) Creare una lista "A" e assegnare alcuni elementi, digitare "A = [84, 21, 96, 15, 47]", questi elementi sono un ordine non ordinato.
11) Per utilizzare una funzione di stampa, digitare "print ('Original Array:', A).
12) Chiamare l'algoritmo di ordinamento per inserzione passando la lista "A", digitare "insertionsort (A)".
13) Infine, utilizzare la funzione print, digitando "print ('Sorted Array:', A)".
14) Premere "Enter" per eseguire il programma.

Operazione:

```
def insertionsort(A):

    for i in range(1, len(A)):
        value = A[i]
        position = i

            while position > 0 and A[position -1] > value:
            A[position] = A[position-1]
            position = position - 1

        A[position] = value

A = [84, 21, 96, 15, 47]
print('Original Array: ', A)
insertionsort(A)
print('Sorted Array: ', A)
```

Output:

Original Array: [84, 21, 96, 15, 47]
Sorted Array: [15, 21, 47, 84, 96]

L'output mostra l' "Original Array" non ordinato e quindi, dopo aver chiamato l'algoritmo di Bubble-sort, l'array ordinato.

8.9 - Algoritmo di ordinamento della selezione (selection-sort algorithm)

L'algoritmo di ordinamento della selezione divide l'elenco fornito in due metà, ma la prima metà sarà un elenco ordinato e la seconda metà sarà un elenco non ordinato. All'inizio, l'elenco ordinato è vuoto e tutti gli elementi sono presenti nell'elenco non ordinato. L'algoritmo di ordinamento della selezione esaminerà tutti gli elementi presenti nella lista non ordinata, raccoglierà l'elemento che dovrebbe venire per primo e poi lo inserirà nella lista ordinata, il passo viene poi ripetuto cercando l'elemento meno presente nell'indifferenziato list e lo posiziona accanto al primo elemento dell'elenco ordinato.

Esempio:

i. Per prima cosa, definire una funzione di ordinamento della selezione e passare gli argomenti "A" come elenco, digitare "def selectionsort (A):".
ii. utilizza un ciclo for, digita "for i in range (len (A) -1, 0, -1)", il che significa che si sta prendendo la lunghezza della lista e la si decrementa di "-1".
iii. Definire una variabile "max_position" e assegnare il valore" 0 ", digitare" max_position = 0 ".
iv. Creare un secondo ciclo for, digita "for j in range (1, i + 1):".
v. All'interno del ciclo "for j", controlleremo se "A [j]" è maggiore di "A [max_position]", se è vero allora sostituiremo "max_position" con "j", digita "max_position = j ".
vi. Al di fuori del ciclo "for j", utilizzare la variabile "temp" e assegnare il valore di "A [i]", digitare "temp = A [i]".

vii. Assegna "A [i]" uguale a "A [max_position], digita" A [i] = A [max_position] ".
viii. Digitare "A [max_position] = temp", il che significa che stiamo scambiando gli elementi in "A [i]" con "A [max_position]", questo completa l'algoritmo di ordinamento della selezione.
ix. Crea un elenco "A" e includi cinque elementi, digita "A = [84, 21, 96, 15, 47]",
X. Digita "print ('Original Array:', A)".
xi. Chiama "selectionsort" e passa l'elenco "A", digita "selectionsort (A)".
xii. Digita "print ('Sorted Array:', A)".
xiii. Premere "Invio per eseguire l'esecuzione del programma.

Operazione:

```
def selectionsort(A):
    for i in range(len(A)-1, 0, -1):
        max_position = 0
        for j in range(1, i+1):
            if A[j] > A[max_position]:
                max_position = j
        temp = A[i]
        A[i] = A[max_position]
        A[max_position] = temp

A = [84, 21, 96, 15, 47]
print('Original Array: ', A)
selectionsort(A)
print('Sorted Array: ', A)
```

Output:

Original Array: [84, 21, 96, 15, 47]
Sorted Array: [15, 21, 47, 84, 96]

8.10 - Algoritmi di ordinamento Shell

L'algoritmo di ordinamento Shell consente di ordinare gli elementi che sono separati l'uno dall'altro. La sequenza originale degli elementi di ordinamento segue la sequenza "n / 2", "n / 4", dove "n" è il numero di elementi presenti nella lista non ordinata. Ad esempio: se hai una lista di otto elementi, la lunghezza di quella lista sarà divisa per "2" per la prima iterazione, come tutti sappiamo "8/2" è "4". Ora, il primo elemento verrà confrontato con l'elemento che è presente al numero di indice "4" e quindi il gap sarà prodotto dividendo "8 per 4". Questa volta il gap sarà "2" e si confronteranno gli elementi presenti in questo intervallo. Infine, verrà diviso "8" per "8" che dà un range pari ad "1": si confronteranno quindi gli elementi adiacenti e l'elenco finale verrà ordinato.

I passaggi seguenti vengono utilizzati durante l'implementazione dell'algoritmo di ordinamento Shell in Python:

- Passaggio 1: identificare l'elenco dei numeri
- Passaggio 2: individuare il divario / l'incremento
- Passaggio 3: crearere il sotto-elenco in base allo spazio e ordinare i numeri utilizzando l'algoritmo di ordinamento per inserzione
- Passaggio 4: ridurre la distanza e ripetere il passaggio 3
- Passaggio 5: fermarsi quando il divario è "0"

Esempio:

Operazione:

```
def shsort(myarray, n):
    g = n // 2      #dividing the number of elements by 2 to find the gap
    while g > 0:
        for x in range(g, n):
            y = myarray[x]
            z = x
            while z >= g and myarray[z - g] > y:
                myarray[z] = myarray[z - g]
                z -= g
            myarray[z] = y
        g //= 2
mylist = [23, 12, 1, 17, 45, 2, 13]
length = len(mylist)
shsort(mylist, length)
print(mylist)
```

Output:
L'output mostrerà un elenco ordinato.

8.11 - Algoritmi di ricerca

Gli algoritmi di ricerca vengono utilizzati per cercare o recuperare alcuni elementi presenti in un determinato set di dati. Esistono molti tipi di algoritmi di ricerca come la ricerca lineare, la ricerca binaria, la ricerca esponenziale, la ricerca per interpolazione ecc.

Ricerca lineare:
L'algoritmo di ricerca lineare viene utilizzato per cercare successivamente un dato elemento confrontandolo con ogni elemento dell'array dato.
Esempio:

[1, 2, 12, 13, 17, 23, 45]

I. Innanzitutto, crea una funzione di ricerca lineare che accetti gli iterabili, la lunghezza dell'elenco e l'elemento chiave, digita "def linear_search (myarray, n, key).
II. Per ogni elemento presente nel range "0", n "cioè a partire dal numero indice" 0 "e per tutti gli elementi presenti nella lista, digitare" for x in range (0, n): ".
III. Digita "if (myarray [x] == key):" che significa controllare se qualsiasi elemento presente in "myarray" è uguale alla "key" o no,
IV. Se l'elemento è presente, restituire "x", altrimenti restituire "-1".
V. "myarray" contiene alcuni numeri casuali, "[12, 1, 34, 17]".
VI. Digitare "chiave" e assegnare il valore di "chiave" pari a "16".
VII. Assegnare il valore di "n" a "len (myarray)".
VIII. Creare un'altra variabile chiamata "matched" e assegnare il valore della funzione di ricerca lineare, digitare "lin_search (myarray, n, key)".
IX. Digitare "if (matched == -1):", il che significa che se il valore di "match" è uguale a "-1", l'output sarà "" Key is not present "".
X. Digitare "print (" Key is present in the given list at index ", matched)", il che significa che se il valore di "match non è uguale a" -1 ", l'output sarà" Key is present in the given list at index ", matched"

XI. Premere "Invio" per eseguire il programma.

Operazione:

#linear search
```
def lin_search(myarray, n, key):

    for x in range(0, n):
        if (myarray[x] == key):
            return x
    return -1

myarray = [12, 1, 34, 17]
key = 16
n = len(myarray)
matched = lin_search(myarray, n, key)
if(matched == -1):
    print("key is not present")
else:
    print("key is present in the given list at index", matched)
```

Output:

Key is not present

L'output mostra che la "Key" non è presente; d'altronde se si controlla si osserverà che "key" è "16", valore non presente in "myarray".

Si potrebbe, per verifica, provare a cambiare il valore di "key" in "12" e poi eseguire questo programma.

Operazione:

```
#linear search
def lin_search(myarray, n, key):

    for x in range(0, n):
        if (myarray[x] == key):
            return x
    return -1

myarray = [12, 1, 34, 17]
key = 12
n = len(myarray)
matched = lin_search(myarray, n, key)
if(matched == -1):
    print("key is not present")
else:
    print("key is present in the given list at index", matched)
```

Output:

Key is present in the given list at index 0

L'output mostra che il valore "chiave", che è "12", è presente nell'elenco fornito al numero di indice "0".

9 – PROGRAMMAZIONE ORIENTATA AGLI OGGETTI (OOP)

9.1 - Introduzione alla Programmazione Orientata agli Oggetti

La Programmazione Orientata agli Oggetti, o OOP, è uno stile di programmazione che utilizza "oggetti" per rappresentare dati e funzioni che operano su quei dati. Questo approccio consente agli sviluppatori di modellare il mondo reale o concetti astratti in modo intuitivo, migliorando l'organizzazione del codice, la possibilità di riutilizzo e la facilità di manutenzione. Oltre a Python, l'OOP è anche utilizzata in altri linguaggi di programmazione popolari come Java, C++ e C#.

Caratteristiche Principali dell'OOP

1. **Astrazione**: Consiste nel nascondere i dettagli complessi dell'implementazione e mostrare solo le funzionalità essenziali di un oggetto, semplificando così la complessità del codice e migliorandone la comprensione.
2. **Incapsulamento**: Si tratta di racchiudere lo stato interno di un oggetto e richiedere che tutte le interazioni con esso avvengano tramite metodi specifici, proteggendo così i dati da modifiche o accessi non autorizzati.
3. **Ereditarietà**: Consente a una nuova classe di ottenere le proprietà e i comportamenti di una

classe esistente, favorendo il riutilizzo del codice e la creazione di gerarchie di classi ordinate.
4. **Polimorfismo**: Permette a oggetti di diverse classi di essere trattati come oggetti di una classe comune, rendendo il codice più flessibile ed estensibile.

Vantaggi dell'OOP:

La Programmazione Orientata agli Oggetti offre vari vantaggi, come:

- **Modularità**: Il codice è organizzato in moduli autonomi e indipendenti, che facilitano la comprensione e la gestione.
- **Riutilizzabilità**: Una classe può essere utilizzata in diversi contesti senza modifiche.
- **Estensibilità**: Le classi esistenti possono essere estese per aggiungere nuove funzionalità senza alterare il codice originale.
- **Manutenibilità**: Il codice orientato agli oggetti è più semplice da aggiornare e mantenere nel tempo.

9.2 - Classi e Oggetti

Le classi e gli oggetti rappresentano i componenti fondamentali della programmazione orientata agli oggetti in Python.

Creazione e Utilizzo delle Classi

Per creare una classe in Python, si utilizza la parola chiave class seguita dal nome della classe. I metodi e gli attributi della classe vengono definiti all'interno della struttura della classe.

Esempio: Definizione di una Classe Semplice

```
class Persona:
    def __init__(self, nome, età):
        self.nome = nome
        self.età = età

    def saluta(self):
        print(f"Ciao, mi chiamo {self.nome} e ho {self.età} anni.")

# Creare un'istanza della classe Persona
persona1 = Persona("Mario", 30)
persona1.saluta()  # Output: Ciao, mi chiamo Mario e ho 30 anni.
```

Differenza tra Attributi di Classe e di Istanza

Gli attributi di istanza sono specifici per ogni oggetto creato dalla classe e vengono definiti nel metodo __init__. Gli attributi di classe, invece, sono comuni a tutte le istanze della classe e sono definiti direttamente nella classe, fuori da qualsiasi metodo.

Esempio: Attributi di Classe e di Istanza

```
class Conto:
    tasso_interesse = 0.05  # Attributo di classe

    def __init__(self, saldo):
        self.saldo = saldo  # Attributo di istanza

# Creare due istanze della classe Conto
```

```
conto1 = Conto(1000)
conto2 = Conto(2000)

# Gli attributi di classe sono condivisi
print(conto1.tasso_interesse)  # Output: 0.05
print(conto2.tasso_interesse)  # Output: 0.05

# Gli attributi di istanza sono unici per ciascun oggetto
print(conto1.saldo)  # Output: 1000
print(conto2.saldo)  # Output: 2000
```

9.3 - Attributi e Metodi

Metodi di Classe e Metodi Statici

Oltre ai metodi di istanza, Python supporta anche metodi di classe e metodi statici:

- **Metodi di Classe**: Questi metodi sono definiti con il decoratore @classmethod e utilizzano il parametro cls per riferirsi alla classe stessa. Possono accedere e modificare lo stato della classe.
- **Metodi Statici**: Questi metodi sono definiti con il decoratore @staticmethod e non accettano né self né cls come parametri. Sono usati per definire funzioni che non dipendono né dall'istanza né dalla classe.

Esempio: Metodi di Classe e Metodi Statici

```
class Calcolatrice:
  @staticmethod
  def aggiungi(a, b):
    return a + b
```

```
    @classmethod
    def moltiplica(cls, a, b):
        return a * b

# Utilizzo del metodo statico
print(Calcolatrice.aggiungi(5, 3))  # Output: 8

# Utilizzo del metodo di classe
print(Calcolatrice.moltiplica(5, 3))  # Output: 15
```

Metodi Magici (Speciali)

I metodi magici, o speciali, sono funzioni predefinite in Python che permettono di definire comportamenti specifici per operatori e funzioni built-in applicati agli oggetti definiti dall'utente. Alcuni esempi includono __str__ per la rappresentazione in formato stringa di un oggetto, __repr__ per una rappresentazione adatta al debug, __len__ per la lunghezza dell'oggetto, e __getitem__, __setitem__, __delitem__ per l'indicizzazione degli elementi.

```
Esempio: Utilizzo di Metodi Magici
class Libro:
    def __init__(self, titolo, autore, pagine):
        self.titolo = titolo
        self.autore = autore
        self.pagine = pagine

    def __str__(self):
        return f"{self.titolo} di {self.autore}"

    def __len__(self):
```

```
    return self.pagine
```

```
libro1 = Libro("Il Piccolo Principe", "Antoine de Saint-Exupéry", 96)
print(libro1)  # Output: Il Piccolo Principe di Antoine de Saint-Exupéry
print(len(libro1))  # Output: 96
```

9.4 – Ereditarietà

Tipi di Ereditarietà in Python

L'ereditarietà consente la creazione di una nuova classe che eredita attributi e metodi da una classe esistente. Python supporta vari tipi di ereditarietà, tra cui:

1. **Ereditarietà Singola**: Una classe derivata eredita da una sola classe base.
2. **Ereditarietà Multipla**: Una classe derivata eredita da più di una classe base.
3. **Ereditarietà Multilivello**: Una classe derivata eredita da un'altra classe derivata.
4. **Ereditarietà Gerarchica**: Più classi derivate ereditano dalla stessa classe base.
5. **Ereditarietà Ibrida**: Una combinazione di due o più tipi di ereditarietà.

Esempio: Ereditarietà Multipla

```
class Madre:
   def __init__(self, nome):
      self.nome = nome
```

```
    def parla(self):
        return f"{self.nome} dice: Ciao!"

class Padre:
    def lavora(self):
        return "Lavora duro."

class Figlio(Madre, Padre):
    def studia(self):
        return "Studia matematica."

figlio = Figlio("Luca")
print(figlio.parla())   # Output: Luca dice: Ciao!
print(figlio.lavora())  # Output: Lavora duro.
print(figlio.studia())  # Output: Studia matematica.
```

Utilizzo di super()

La funzione super() in Python è utilizzata per chiamare metodi della classe base dalla classe derivata, consentendo di estendere il comportamento dei metodi nella classe derivata senza riscrivere il codice della classe base.

9.5 – Polimorfismo

Polimorfismo e Metodi Sovrascritti

Il polimorfismo è una caratteristica dell'OOP che permette di utilizzare lo stesso metodo per oggetti di classi diverse. Questo concetto è spesso implementato sovrascrivendo metodi nella classe derivata.

Esempio: Polimorfismo con Metodi Sovrascritti

```python
class Forma:
    def area(self):
        pass

class Rettangolo(Forma):
    def __init__(self, larghezza, altezza):
        self.larghezza = larghezza
        self.altezza = altezza

    def area(self):
        return self.larghezza * self.altezza

class Cerchio(Forma):
    def __init__(self, raggio):
        self.raggio = raggio

    def area(self):
        return 3.14 * (self.raggio ** 2)

rettangolo = Rettangolo(3, 4)
cerchio = Cerchio(5)

print(rettangolo.area())  # Output: 12
print(cerchio.area())  # Output: 78.5
```

9.6 – Incapsulamento

Gestione Avanzata dell'Incapsulamento

L'incapsulamento in Python si realizza tramite l'uso di attributi e metodi pubblici, protetti e privati:

- **Pubblico**: Gli attributi e i metodi pubblici sono accessibili da qualsiasi parte del programma.
- **Protetto**: Gli attributi e i metodi protetti sono prefissati con un singolo underscore _ e indicano che sono destinati solo all'uso interno della classe o delle sue sottoclassi.
- **Privato**: Gli attributi e i metodi privati sono prefissati con un doppio underscore __ e possono essere accessibili solo all'interno della classe stessa.

Esempio: Incapsulamento Avanzato

```
class ContoBancario:
    def __init__(self, nome, saldo):
        self.nome = nome  # Attributo pubblico
        self._saldo = saldo  # Attributo protetto
        self.__transazioni = []  # Attributo privato

    def deposita(self, importo):
        if importo > 0:
            self._saldo += importo
            self.__transazioni.append(f"Depositato {importo}")
        else:
            raise ValueError("L'importo deve essere positivo.")

    def __mostra_transazioni(self):
        return self.__transazioni

# Test degli accessi agli attributi
conto = ContoBancario("Alice", 1000)
conto.deposita(500)
print(conto.nome)  # Output: Alice
print(conto._saldo)  # Output: 1500
# print(conto.__transazioni)  # Genera un errore
```

9.7 - Costruttori e Distruttori

Utilizzo Avanzato di Costruttori e Distruttori

Oltre al costruttore __init__, Python consente di definire metodi di inizializzazione avanzati per configurare oggetti in modo più dettagliato. Il distruttore __del__, invece, è un metodo speciale che viene chiamato quando un oggetto viene eliminato, ed è utilizzato per liberare risorse o eseguire operazioni di pulizia quando un oggetto non è più necessario.

Esempio: Costruttore e Distruttore Personalizzati

```
class GestioneRisorse:
    def __init__(self, risorsa):
        self.risorsa = risorsa
        print(f"Risorsa {self.risorsa} allocata.")

    def __del__(self):
        print(f"Risorsa {self.risorsa} rilasciata.")

risorsa1 = GestioneRisorse("Database Connection")
risorsa2 = GestioneRisorse("File Handle")
del risorsa1
```

10 – GESTIONE DELLE ECCEZIONI

Saper gestire le eccezioni è fondamentale per creare programmi robusti e affidabili in Python. Le eccezioni sono situazioni anomale o errori che possono verificarsi durante l'esecuzione di un programma. È essenziale comprendere come gestire questi errori per evitare che il programma si arresti improvvisamente e per garantire un funzionamento corretto anche in caso di imprevisti.

10.1 - Introduzione alle Eccezioni

Un'eccezione è un evento che interrompe il normale flusso di esecuzione di un programma. In Python, quando si verifica un'eccezione, l'esecuzione passa immediatamente a un gestore di eccezioni, se disponibile. Se non esiste un gestore, il programma termina e viene visualizzato un messaggio di errore.

Principali Tipi di Eccezioni in Python

Python offre una vasta gamma di eccezioni predefinite, tra cui:

- **IndexError**: Si verifica quando si tenta di accedere a un indice che supera i limiti di una sequenza, come una lista o una stringa.

- **KeyError**: Questa eccezione viene sollevata quando si tenta di accedere a un dizionario utilizzando una chiave inesistente.

- **ValueError**: Viene sollevata quando una funzione riceve un argomento del tipo corretto ma con un valore inappropriato.

- TypeError: Questa eccezione si verifica quando si applica un'operazione o una funzione a un oggetto di tipo non corretto.

- ZeroDivisionError: Si verifica quando si tenta di dividere un numero per zero.

Importanza della Gestione delle Eccezioni

Gestire le eccezioni è cruciale per diversi motivi:

1. Affidabilità del Codice: Un programma ben scritto deve essere in grado di gestire situazioni inaspettate senza bloccarsi.

2. Miglioramento dell'Esperienza Utente: Gestendo le eccezioni, è possibile fornire messaggi di errore chiari e comprensibili, migliorando l'interazione con l'utente.

3. Facilitazione della Manutenzione del Codice: Una gestione adeguata delle eccezioni rende il codice più facile da correggere e mantenere, facilitando l'identificazione e la risoluzione degli errori.

10.2 - Blocco Try-Except

Il metodo più comune per gestire le eccezioni in Python è l'uso del blocco try-except. Il codice che potrebbe generare un'eccezione viene inserito nel blocco try, mentre il blocco except contiene il codice che viene eseguito se si verifica un'eccezione.

Struttura del Blocco Try-Except

try:

```
    # codice che potrebbe generare un'eccezione
except TipoDiEccezione:
    # codice da eseguire in caso di eccezione
```

Il blocco except può essere specifico per un certo tipo di eccezione o generale per catturare qualsiasi tipo di errore. Si possono usare più blocchi except per gestire diversi tipi di eccezioni.

10.3 - Gestione di Eccezioni Multiple

In Python, è possibile gestire diversi tipi di eccezioni utilizzando più blocchi except. Questo permette di trattare ogni tipo di eccezione in modo specifico, migliorando la flessibilità e l'affidabilità del codice.

Gestione di Diversi Tipi di Eccezioni

```
try:
    # codice che potrebbe causare varie eccezioni
except IndexError:
    print("Indice non valido!")
except KeyError:
    print("Chiave non trovata nel dizionario!")
except ValueError:
    print("Valore non valido!")
```

Gestione Unica di Più Eccezioni

È possibile gestire più eccezioni con un unico blocco except, elencandole in una tupla:

try:

   # codice che potrebbe causare diverse eccezioni

except (IndexError, KeyError, ValueError):

   print("Si è verificato un errore!")

10.4 - Creazione di Eccezioni Personalizzate

Python permette di definire eccezioni personalizzate creando nuove classi che ereditano da Exception. Questo è utile per definire tipi di errore specifici per il contesto del programma.

Come Definire un'Eccezione Personalizzata

Per creare un'eccezione personalizzata, si definisce una nuova classe che eredita da Exception:

class MioErrorePersonalizzato(Exception):

   pass

È anche possibile personalizzare ulteriormente il comportamento dell'eccezione aggiungendo un metodo __init__:

class MioErrorePersonalizzato(Exception):

   def __init__(self, messaggio):

        self.messaggio = messaggio

10.5 - Uso del Blocco Finally

Il blocco finally in Python è utilizzato per eseguire codice che deve essere eseguito indipendentemente dal fatto che si verifichi un'eccezione o meno. Questo è particolarmente utile per gestire risorse, come la chiusura di file o la liberazione di connessioni di rete.

Struttura del Blocco Finally

try:

　# codice che potrebbe generare un'eccezione

except TipoDiEccezione:

　# codice che viene eseguito in caso di eccezione

finally:

　# codice che viene sempre eseguito

Quando Utilizzare il Blocco Finally?

Il blocco finally è ideale per garantire che alcune operazioni vengano sempre eseguite, come la pulizia delle risorse o il ripristino di uno stato del programma.

10.6 - Eccezioni Rilanciate

A volte, dopo aver gestito un'eccezione, può essere necessario rilanciare l'eccezione per consentirne una gestione ulteriore da parte di un altro livello del codice. In

Python, si può rilanciare un'eccezione utilizzando la parola chiave raise senza specificare argomenti.

Esempio di Rilancio di un'Eccezione:

```
try:
    try:
        # codice che potrebbe generare un'eccezione
    except Exception as e:
        print("Eccezione gestita nel primo blocco.")
        raise  # rilancia l'eccezione
except Exception as e:
    print("Eccezione gestita nel secondo blocco.")
```

10.7 - Best Practices per la Gestione delle Eccezioni

1. Gestire Solo le Eccezioni Necessarie

È importante gestire solo le eccezioni che sai come trattare. Utilizzare blocchi except generici (except Exception:) può nascondere errori inaspettati e rendere il debug più difficile.

2. Fornire Messaggi di Errore Significativi

Quando gestisci le eccezioni, fornisci messaggi di errore chiari e significativi. Ciò aiuterà chi utilizza il tuo programma a comprendere cosa è andato storto e come risolverlo.

3. Utilizzare il Blocco Finally per la Pulizia delle Risorse

Assicurati di utilizzare il blocco finally per chiudere file, rilasciare connessioni di rete o eseguire altre azioni di pulizia che devono sempre essere completate.

4. Evitare il "Silencing" delle Eccezioni

Evitare di "silenziare" le eccezioni senza registrare o segnalare l'errore. Ciò può portare a problemi difficili da diagnosticare in seguito.

5. Creare Eccezioni Personalizzate se Necessario

Se il tuo programma ha bisogno di un tipo di errore specifico non coperto dalle eccezioni integrate di Python, crea una classe di eccezione personalizzata per gestire questi casi.

La gestione delle eccezioni è una parte fondamentale dello sviluppo di software robusto e affidabile. Comprendere come utilizzare blocchi try-except, gestire eccezioni multiple, creare eccezioni personalizzate e utilizzare finally è essenziale per diventare un programmatore Python competente. Seguendo le best practices per la gestione delle eccezioni, sarai in grado di scrivere codice più robusto e mantenibile, migliorando l'esperienza utente e riducendo la probabilità di errori imprevisti.

11: GESTIONE DEI FILE, MODULI E PACCHETTI DI PYTHON

Lavorare con i file, strutturare il codice in moduli e gestire pacchetti sono abilità fondamentali per sviluppare programmi Python ben organizzati ed efficienti. In questo capitolo, esploreremo come leggere e scrivere file, utilizzare moduli per riutilizzare il codice e gestire pacchetti per installare e condividere librerie Python. Queste tecniche consentono di manipolare dati, mantenere il codice strutturato e interagire efficacemente con il sistema operativo, migliorando la modularità e la manutenibilità delle applicazioni Python.

11.1 - Introduzione alla Gestione dei File in Python

Python offre funzioni integrate per gestire i file, rendendo semplice aprire, leggere, scrivere e chiudere file. Questo è essenziale per applicazioni che necessitano di elaborare dati esterni, salvare configurazioni o registrare i risultati delle operazioni.

Apertura e Chiusura dei File

Per lavorare con i file in Python, utilizziamo la funzione open(), che restituisce un oggetto file per leggere o scrivere dati. È importante chiudere il file una volta terminato il lavoro per liberare le risorse utilizzate.

Modalità di Apertura dei File

Quando apriamo un file con open(), possiamo specificare diverse modalità:

- **'r' (lettura)**: Apre il file per la lettura. Genera un errore se il file non esiste.
- **'w' (scrittura)**: Crea un nuovo file per la scrittura, cancellando il contenuto esistente.
- **'a' (aggiunta)**: Apre il file per aggiungere dati alla fine.
- **'b' (binario)**: Apre il file in modalità binaria, utile per file non di testo.
- **'r+' (lettura e scrittura)**: Apre il file per la lettura e la scrittura.

Uso del Blocco with per Gestire i File

Il blocco with è il modo raccomandato per gestire i file in Python, garantendo che vengano chiusi correttamente anche in caso di errori. Questo metodo previene perdite di risorse e assicura una gestione più sicura dei file.

11.2 - Lettura e Scrittura di File di Testo

Lettura di File di Testo

Python offre diverse opzioni per leggere file di testo:

- **read()**: Legge l'intero contenuto del file come una singola stringa.
- **readline()**: Legge una riga alla volta dal file.
- **readlines()**: Legge tutte le righe del file e le restituisce come una lista di stringhe.

Scrittura su File di Testo

Per scrivere dati su un file di testo, utilizziamo i metodi:

- **write()**: Scrive una stringa nel file.
- **writelines()**: Scrive una lista di stringhe nel file.

Esempi Pratici di Lettura e Scrittura di File

La lettura e la scrittura di file di testo sono operazioni comuni in Python. Ad esempio, possiamo leggere dati da un file CSV e calcolare i totali delle vendite, o scrivere file di log per tenere traccia delle attività di un programma.

11.3 - Gestione dei File CSV

Introduzione ai File CSV

I file CSV (Comma-Separated Values) sono utilizzati per rappresentare dati tabulari in un formato semplice e universale. Python fornisce il modulo csv per facilitare la lettura e la scrittura di questi file, gestendo automaticamente dettagli come le virgole e le virgolette.

Utilizzo del Modulo csv

Il modulo csv consente di leggere i file riga per riga o di scrivere dati strutturati in un file CSV, ideale per importare o esportare dati tra diverse applicazioni.

11.4 - Manipolazione di File JSON

Introduzione a JSON

JSON (JavaScript Object Notation) è un formato leggero per lo scambio di dati, ampiamente utilizzato per rappresentare strutture di dati complesse come liste e dizionari. Python supporta il formato JSON tramite il modulo json, che facilita la conversione tra stringhe JSON e oggetti Python.

Lettura e Scrittura di File JSON

Il modulo json di Python consente di leggere e scrivere file JSON, utilizzando json.load() per caricare i dati e json.dump() per salvare i dati in formato JSON. Questo è utile per la serializzazione e deserializzazione dei dati.

11.5 - File Binari e Pickle

Introduzione ai File Binari

I file binari contengono dati non leggibili direttamente, come immagini o file audio. Python consente di lavorare con questi file utilizzando la modalità binaria ('b') con la funzione open().

Serializzazione con Pickle

Il modulo pickle è utilizzato per serializzare e deserializzare oggetti Python. Questo è utile per salvare strutture dati complesse, come liste o dizionari, in formato binario su disco per un uso successivo.

11.6 - Introduzione a Moduli e Pacchetti

Cos'è un Modulo?

Un modulo è un file Python che contiene funzioni, classi o variabili. I moduli aiutano a organizzare il codice in file separati, facilitando il riutilizzo e la manutenzione.

Utilizzare i moduli è fondamentale per mantenere il codice ordinato e leggibile, soprattutto in progetti più grandi.

Importazione di Moduli

Per utilizzare moduli in Python, si usa la parola chiave import. Ci sono diversi modi per importare moduli, come importare l'intero modulo, importare funzioni specifiche o utilizzare un alias per semplificare il riferimento.

Moduli Built-in di Python

Python offre una vasta gamma di moduli integrati, come os per operazioni di sistema, sys per interagire con l'ambiente di runtime Python, math per funzioni matematiche avanzate, e datetime per la gestione di date e orari.

11.7 - Creazione di Moduli Personalizzati

Come Creare un Modulo Personalizzato

Creare un modulo personalizzato è semplice: basta creare un file .py contenente il codice necessario (funzioni, classi, variabili) e poi importarlo in altri script Python per riutilizzare il codice.

11.8 - Gestione dei Pacchetti con pip

Cos'è un Pacchetto?

Un pacchetto è una raccolta di moduli organizzati in una struttura di directory. I pacchetti migliorano l'organizzazione del codice e ne facilitano il riutilizzo in progetti di grandi dimensioni. Ogni directory che rappresenta un pacchetto deve contenere un file __init__.py per essere riconosciuta come tale.

Utilizzo di pip per Gestire Pacchetti

pip è il gestore di pacchetti di Python, utilizzato per installare, aggiornare e rimuovere pacchetti Python. È uno strumento essenziale per gestire le dipendenze del progetto e per installare librerie di terze parti.

Comandi di Base di pip

I comandi principali di pip includono l'installazione, la disinstallazione e la lista dei pacchetti installati, oltre alla creazione di un file requirements.txt per gestire le dipendenze del progetto.

11.9 - Creazione di Pacchetti Python

Come Creare un Pacchetto Python

Per creare un pacchetto Python, bisogna organizzare i file .py in una struttura di directory e includere un file __init__.py in ogni directory per indicare a Python che si tratta di un pacchetto.

Distribuzione di Pacchetti Python

Python consente la distribuzione di pacchetti personalizzati tramite strumenti come setuptools e twine, permettendo agli sviluppatori di condividere i loro progetti tramite il Python Package Index (PyPI) o altre piattaforme.

11.10 - Best Practices per la Gestione dei File, Moduli e Pacchetti

1. Utilizzare il Blocco with per la Gestione dei File

L'uso del blocco with garantisce che i file vengano chiusi correttamente, prevenendo perdite di risorse e migliorando la gestione degli errori.

2. Organizzare il Codice in Moduli e Pacchetti

Organizzare il codice in moduli e pacchetti migliora la modularità, facilitando il riutilizzo e la manutenzione del codice, specialmente in progetti complessi.

3. Documentare e Versionare i Pacchetti

È fondamentale documentare chiaramente il codice e gestire correttamente le versioni dei pacchetti per facilitare l'uso da parte di altri sviluppatori e mantenere il controllo delle modifiche.

4. Utilizzare pip per la Gestione delle Dipendenze

Utilizzare pip e mantenere un file requirements.txt aggiornato garantisce che le librerie necessarie siano installate correttamente in tutti gli ambienti di sviluppo.

5. Scrivere Test per i Moduli e i Pacchetti

Scrivere test per moduli e pacchetti è essenziale per garantire la qualità del codice. Strumenti come unittest o pytest possono essere utilizzati per creare test automatici che verificano il corretto funzionamento del codice.

In questo capitolo, abbiamo approfondito la gestione dei file, l'uso di moduli e pacchetti in Python. Queste competenze sono essenziali per creare applicazioni Python ben strutturate e mantenibili. La gestione dei file è una pratica comune per molte applicazioni, mentre i moduli e i pacchetti aiutano a organizzare e riutilizzare il codice in modo efficace. Seguendo le best practices per la gestione dei file, dei moduli e dei pacchetti, sarai in grado di sviluppare programmi Python più robusti e modulari.

CONCLUSIONI

Questo libro ha offerto una guida dettagliata per chiunque voglia iniziare a programmare in Python, coprendo molti aspetti del linguaggio, dai concetti di base fino a quelli più avanzati. È stato progettato per essere utile sia ai principianti che a coloro che desiderano rafforzare le loro conoscenze esistenti.

All'inizio del libro, abbiamo introdotto Python esplorando la sua storia, le caratteristiche principali e i motivi per cui è così popolare. Python è emerso come un linguaggio potente e versatile, ampiamente utilizzato in vari settori e da numerose aziende, grazie alla sua sintassi intuitiva e alla sua facilità d'uso, che ne facilitano l'apprendimento.

I capitoli iniziali hanno trattato come installare Python e configurare l'ambiente di sviluppo, compresa l'installazione di IDE come Anaconda. Abbiamo discusso la sintassi di base del linguaggio, incluso l'uso delle variabili, dei tipi di dati e delle loro proprietà. Questi argomenti fondamentali hanno fornito le basi per comprendere il funzionamento del codice Python e per gestire i dati in modo efficace.

Successivamente, ci siamo concentrati sui meccanismi di controllo del flusso del programma, come cicli e dichiarazioni condizionali, oltre che sulle funzioni. Comprendere come Python gestisce l'esecuzione del codice e come si utilizzano le funzioni è essenziale per scrivere programmi modulari ed efficienti. Abbiamo anche esaminato le funzioni lambda e quelle definite dall'utente, che consentono di scrivere codice più versatile e riutilizzabile.

Abbiamo esplorato in profondità le strutture di dati integrate e quelle definite dall'utente, come dizionari, liste, insiemi, alberi e grafi. Queste strutture sono essenziali per gestire i dati in modo efficiente e per implementare algoritmi complessi. Capire come utilizzare le strutture dati è fondamentale per risolvere problemi di programmazione in modo efficace.

Il capitolo sugli algoritmi ha approfondito ulteriormente la nostra comprensione del pensiero algoritmico e della risoluzione dei problemi. Abbiamo studiato vari algoritmi di ordinamento e ricerca, oltre a quelli per l'attraversamento degli alberi. Questi concetti sono essenziali per ogni programmatore che desidera migliorare le prestazioni delle proprie applicazioni.

La Programmazione Orientata agli Oggetti (OOP) è stata trattata come un punto chiave del libro. Questa metodologia permette di organizzare il codice in modo più strutturato e riutilizzabile. Abbiamo esplorato concetti fondamentali come classi, oggetti, ereditarietà, polimorfismo, incapsulamento e costruttori, che costituiscono una solida base per progettare applicazioni complesse e scalabili.

Abbiamo anche affrontato la gestione delle eccezioni per garantire che i programmi possano gestire errori in modo robusto ed evitare interruzioni improvvise. È stato spiegato come utilizzare i blocchi try-except, come creare eccezioni personalizzate e come usare il blocco finally per la gestione delle risorse. Queste tecniche aiutano a rendere il codice più robusto e affidabile.

Infine, il libro ha trattato la gestione dei file, dei moduli e dei pacchetti, aspetti fondamentali per organizzare il codice e interagire con dati esterni. Abbiamo esaminato come leggere e scrivere file di testo, CSV e JSON, come creare e utilizzare moduli e pacchetti personalizzati, e come usare pip per gestire le dipendenze di un progetto. Questi strumenti sono indispensabili per sviluppare applicazioni Python complete e per lavorare in team.

Python continua a evolversi, con una comunità di sviluppatori attiva che contribuisce costantemente a migliorare il linguaggio e a creare nuove librerie e strumenti. L'apprendimento di Python è un processo continuo, e questo libro rappresenta solo un punto di partenza. Con una buona comprensione delle basi e dei concetti avanzati trattati, sei ora pronto per esplorare ulteriori opportunità, come lo sviluppo web, il machine learning, l'analisi dei dati, l'automazione e molto altro.

Per continuare il tuo percorso di apprendimento in Python, è importante praticare costantemente scrivendo codice, contribuire a progetti open source per migliorare le tue capacità e imparare dagli altri, esplorare argomenti più avanzati e partecipare a comunità online dove puoi interagire con altri programmatori e rimanere aggiornato sulle ultime novità.

In conclusione, questo libro ti ha fornito una guida completa per iniziare a programmare in Python e sviluppare le competenze necessarie per scrivere codice efficiente e mantenibile. La programmazione è un campo dinamico e in costante evoluzione, e Python, con la sua versatilità e facilità d'uso, resta uno degli strumenti più potenti e accessibili per chiunque voglia intraprendere una carriera nello sviluppo software. Buon proseguimento nella tua avventura nella programmazione!

RINGRAZIAMENTI

Desidero esprimere la mia profonda gratitudine a tutti coloro che hanno supportato la realizzazione di questo libro. Ogni pagina è il risultato della vostra fiducia, incoraggiamento e sostegno costante. Grazie ai miei lettori, la vostra attenzione e dedizione sono la vera linfa di questo progetto.

Se hai trovato utili queste pagine e desideri condividere la tua esperienza con altri lettori, ti invito a lasciare una recensione su Amazon a questo link:

https://www.amazon.it/review/create-review/?ie=UTF8&channel=glance-detail&asin=B092P76K5N

oppure inquadrando il seguente QR Code:

Le tue opinioni sono fondamentali per aiutare questo libro a migliorare e raggiungere più persone possibili.

Grazie di cuore!

www.ingramcontent.com/pod-product-compliance
Lightning Source LLC
Chambersburg PA
CBHW031624210526
45464CB00004B/1744